Дар дислексии

Почему некоторые из умнейших людей не умеют читать... и как они могут этому научиться

Рональд Дейвис

Авторское право 1994, 1997, 2010, 2021 Рональда Дейвиса

Впервые опубликовано в США издательством Perigee, оттиск Penguin Group (USA) Inc.

Первое русское издание опубликовано в 2004 году Центром коррекции обучения, Раанана, Израиль

Это второе исправленное русское издание впервые опубликовано в Великобритании и в Российской Федерации в 2021 году издательством Create-A-Word Books Ltd, 47 - 49 Church Street, Malvern, Worcestershire WR14 1LR.

Хотя автор приложил все усилия, чтобы предоставить точные номера телефонов, адреса электронной почты и адреса в Интернете на момент публикации, ни издатель, ни автор не несут никакой ответственности за ошибки или изменения, произошедшие после публикации. Кроме того, издательство не контролирует и не несет никакой ответственности за веб-сайты автора или третьих лиц и их содержание.

Право Рональда Д. Дэвиса быть указанным в качестве автора данной работы было заявлено им в соответствии с Законом об авторском праве, дизайне и патентах 1988 года.

Все права защищены. Никакая часть данной публикации не может быть воспроизведена, сохранена в поисковой системе или передана в любой форме и любыми средствами, электронными, механическими, фотокопировальными или иными, без предварительного разрешения владельца авторских прав.

ISBN: 978-1-912355-05-1

Мультфильм "Funky Winkerbean" перепечатан со специального разрешения North America Syndicate, Inc.

Карикатура Корена "Самооценка", авторское право 1992 года журнала The New Yorker, Inc.

"Davis", "Davis Dyslexia Correction", "Davis Orientation Counseling" и "Davis Symbol Mastery" являются зарегистрированными торговыми марками, принадлежащими Рональду Д. Дейвису. Использование этих торговых марок для маркетинга или предоставления услуг с целью получения прибыли требует обучения и лицензирования через Международную ассоциацию коррекции дислексии по методу Дейвиса (Davis Dyslexia Association International) — www.dyslexia.com.

Внутренние иллюстрации Мии Саттер
Внутренние фотографии П. Кортни Дэвиса
Компьютерные графические иллюстрации Марка Гиттуса

Отпечатано и переплетено в издательстве "Т8 Издательские технологии", Москва, Российская Федерация.

В честь Гарольда Джозефа Андерсона и в память о нем, человеке, которому не было безразлично.

Дар дислексии

Таблица содержания

Предисловие .... **viii**

Примечания автора .... **xiii**

Введение .... **xiv**

Выражение благодарности .... **xvii**

ЧАСТЬ ПЕРВАЯ

Что такое дислексия на самом деле

ГЛАВА 1: Лежащий в основе талант 21

ГЛАВА 2: Неспособность к обучению 27

ГЛАВА 3: Последствия дезориентации 36

ГЛАВА 4: Дислексия в действии 44

ГЛАВА 5: Компульсивные решения 54

ГЛАВА 6: Проблемы с чтением 60

ГЛАВА 7: Проблемы с орфографией 68

ГЛАВА 8: Проблемы с математикой 72

ГЛАВА 9: Проблемы с почерком 77

ГЛАВА 10: Фокусировка внимания — СДВГ 86

ГЛАВА 11: Неуклюжесть 96

Предисловие

ГЛАВА 12: Реальное решение 101

ЧАСТЬ ВТОРАЯ

Маленький потенциальный дислектик (ПД). Эволюционная теория дислексии

ГЛАВА 13: Откуда берется дислексия 111

ГЛАВА 14: Двухлетний ребенок и котенок 117

ГЛАВА 15: Возраст от трех до пяти лет 121

ГЛАВА 16: Первый день в школе 125

ГЛАВА 17: Возраст неспособности к обучению 133

ЧАСТЬ ТРЕТЬЯ

Дар

ГЛАВА 18: Понимание таланта 144

ГЛАВА 19: Любопытство 153

ГЛАВА 20: Творческие способности 156

ГЛАВА 21: Дар мастерства 162

ЧАСТЬ ЧЕТВЕРТАЯ

Что мы с этим делаем

ГЛАВА 22: Как это можно определить? 166

ГЛАВА 23: Симптомы дезориентации 172

ГЛАВА 24: Умственный глаз 178

ГЛАВА 25: Выполнение процедур Дейвиса 186

ГЛАВА 26: Оценка способности восприятия 195

ГЛАВА 27: Переключение 209

ГЛАВА 28: Разрядка и Проверка ориентации 255

ГЛАВА 29: Точная настройка 264

ГЛАВА 30: Процедура «Выравнивание» 277

ГЛАВА 31: Настройка шкалы 289

ГЛАВА 32: Координация 297

ГЛАВА 33: Основная форма методики «Освоение символов» 301

ГЛАВА 34: Три шага к легкому чтению 321

ГЛАВА 35: Процедура методики «Освоение символов» 332

ГЛАВА 36: Продолжение процесса 349

Предисловие

Рекомендуемая для чтения литература на английском языке.. 354

Организации и ресурсы по методам Дейвиса 359

Общие организации по поддержке дислексии................ 362

Глоссарий 365

Указатель 374

Предисловие

Почему эта книга важна? Потому что описанные в ней методы работают. Потому что изложенные техники могут быть использованы для решения не только проблем с чтением, но и огромного количества симптомов: от тревожности до трудностей с писЭьмом или концентрацией. Потому что она признает необычные таланты и экстраординарный потенциал дислектиков. Потому что она превращает загадку ориентации и дезориентации в практические, переворачивающие жизнь техники. Потому что способность мыслить образами необходима для достижения успеха в двадцать первом веке.

Впервые я познакомилась с работой Рона Дейвиса двадцать пять лет тому назад благодаря моей дорогой подруге и коллеге из Центра развития одаренных детей Бетти Максвелл. Одна из наших клиенток записала свою дочь на программу Коррекции дислексии Дейвиса и пришла к нам со множеством историй об уникальных методах Рона и прогрессе в чтении, которого достигла ее дочь. Она так же поделилась с Роном одной из наших статей о визуально-пространственных людях, и он моментально понял, что мы с ним на одной волне. Мы оба говорили о людях, мыслящих образами.

Бетти и я разрабатывали концепцию визуально-пространственного человека с начала восьмидесятых годов. Эти дети мыслят образами, а не словами, требуют практического опыта для обучения и часто принимают решения как будто без необходимости совершения ведущих к нему логических шагов. Просьба «показать свою работу» вводит их в ступор, а ответ «я просто увидел ответ в своей голове!» не ценится в стандартизированных тестах.

Начиная изучать визуально-пространственных учеников, мы полагали, что они будут представлять малый процент от всего числа школьников. И каково было удивление, когда тестирование с помощью нашего Идентификатора визуально-пространственного мышления показало, что по меньшей мере треть школьного класса имела сильное визуально-пространственное мышление. Методистка дислексии Дейвиса Кристал Панч пишет: «педагоги должны по-настоящему понимать этот визуальный процесс, [...] часто диагностируемый неправильно... Это по-настоящему иной стиль обучения, требующий смены парадигмы в обучении, создания более визуального обучения».

Мы поняли, что подход Рона был идеален для тех детей с визуально-пространственным мышлением, которые испытывали трудности в освоении чтения. Основным различием между его детьми и нашими было то, что наши визуально-пространственные ученики в основном прекрасно читали. Почему? Исследуя историю развития этих детей, мы заметили, что большинство из них научилось читать до достижения школьного возраста. Они поглощали целые слова еще до выработки звуковой и символьной осведомленности. Они начинали со знаков «стоп», витрин магазинов и коробок хлопьев — образов, которые они могли визуализировать. Их не связывала по рукам необходимость соединять вместе фонемы. Возможно, если бы они впервые встретились с чтением на школьном уроке, то их результаты были бы вовсе не такими высокими.

Мы рекомендуем *Дар дислексии* тем нашим клиентам, которые испытывают проблемы с расшифровкой слов и направляем многих из них в Центр коррекции дислексии Дейвиса, а также к представителям программ Рона по всему миру. Мы делаем это потому, что методы Рона позволяют достичь реальных результатов. Один невероятно одаренный мальчик, которого мы направили работать с Роном и его партнерами, перескочил четыре класса в чтении за одну неделю и сохранил этот рост даже после завершения программы.

Одна из наиболее привлекательных идей Рона заключается в том, что гениальность является не противоположностью, а следствием нарушений обучения. Он прав. На конференции о наших визуально-пространственных учениках в Грин Темплтон колледже Оксфордского университета, спонсированной фондом Искусств дислексии, мне посчастливилось встретиться с Пейшенс Томсон, создательницей серии книг «Беррингтон Сток» для детей, не любящих читать. Пейшенс — дочь и внучка нобелевских лауреатов в области физики, ее муж — сын и внук нобелевских лауреатов в области физики. Обе стороны семейного древа были представлены на конференции. Какая взаимосвязь между дислектиками, художниками и гениями физики? Они все видят мир в своем уникальном ключе, активнее задействуя правые полушария мозга.

Выражение благодарности

Организация мозга, ответственная за дислексию, также ведет к революционным прорывам в сложной области физики.

Рон выделяет все основные дары дислексии, такие как отлично развитая интуиция, способность к многомерному восприятию, яркое воображение, повышенная любознательность, проницательность, способность воспринимать мысль как реальность, повышенная осведомленность об окружении, способность мыслить образами и, что наиболее важно, способность изменять и создавать восприятие. Это жизненно важные дары, которые становятся все более и более востребованными в нашем мире.

Пока сфера образования еще помешана на важности грамотности, будущее сегодняшних учеников зависит от их способности видеть общую картину, предсказывать тренды, читать мысли и желания покупателей, мыслить вне рамок, видеть закономерности, вдохновлять взаимодействие между равными, ощущать эмпатию, сводить вместе информацию из множества источников и распознавать возможности множества перспектив. Это природные таланты дислектиков и Рон создал мощный метод, позволяющий им обучиться читать без необходимости приносить в жертву свои важные способности.

Я горжусь возможностью написать предисловие к новому изданию «Дара дислексии» Рона Дейвиса и счастлива, что знаю этого невероятного мыслителя, *новаторский подход которого перевернул наше* понимание дислексии. Рон Дейвис стал настоящим подарком для тех, ради кого он работает.

Доктор Линда Крегер Сильверман

Доктор Линда Крегер Сильверман — лицензированный психолог и основатель Института изучения продвинутого развития и его филиалов: Центр развития одаренных детей и Визуально-пространственный ресурс. Она приняла участие в написании более чем трехсот научных статей, а также книги «Upside-Down Brilliance: The Visual-Spatial Learner» *(«Гениальность вверх тормашками: визуально-пространственно мыслящий ученик») и учебника* «Counseling the Gifted and Talented» *(«Рекомендации одаренным и талантливым»).*

Выражение благодарности

ПРИМЕЧАНИЕ АВТОРА

Книга «Дар дислексии» умышленно напечатана более крупным шрифтом и с наименее возможным числом дефисов, чтобы дислектик мог легко ее прочесть.

Дар дислексии

ВВЕДЕНИЕ

(сцена из моей жизни в 1949 году)

Часы на стене в классе тикают медленнее и медленнее. Тик... тик... тик...

«Пожалуйста, быстрее! Пожалуйста, быстрее! Пожалуйста — пожалуйста — пожалуйста, быстрее!» Маленький мальчик едва слышно шепчет эти слова. Все мышцы его тела напряжены. Руки дергаются и дрожат. Плотно сжатые колени трясутся и касаются стены в углу. Он медленно качается вперед и назад, но старается не сдвинуть сложенный белый носовой платок, свой ярлык презрения, наброшенный, как флаг, ему на голову.

«Пожалуйста, пожалуйста!» — снова шепчет он. Затем он набирает в себя воздух и дергает ногой. Но это не помогает; ничего не может помочь. Через несколько минут это начинается, сначала тоненькая струйка, а затем все остальное. Он тихонько надеется, что этого не будет так много, чтобы на полу образовалась лужа.

Он наклоняется, плотно вжимаясь лицом в угол. Руки скрещены на колене, так он надеется спрятать мокрое пятно. Теперь он рад, что не будет уходить из школы тогда, когда другие дети. Возможно, они все уже уйдут, когда будет уходить он, и никто не

Выражение благодарности

увидит; никто не будет его дразнить. Он еще раньше лелеял эту мечту не меньше сотни раз, но, возможно, на этот раз он не услышит эти ужасные слова:

«Отсталый!»

«Отсталый!»

«Посмотрите на отсталого».

«Отсталый опять обмочил штаны».

Он вздрагивает от звонка, сообщающего, что школьный день закончился. В углу, посреди топота и шума уходящих детей, сидит, не двигаясь, мальчик, надеясь, что никто не смотрит в его сторону. Если бы он мог стать невидимым, он бы стал им. И пока в классе не наступит тишина, он не смеет пошевелиться, он не смеет издать ни звука.

Шум становится все тише, а часы тикают все громче. Тик... тик, тик!

Чуть слышно мальчик шепчет что-то, что должен услышать только он один.

«Что ты сказал?» Громкий голос рокочет прямо за его спиной.

Если бы он уже этого не сделал, он бы сейчас опять обмочил штаны. Он как можно больше забивается в угол и старается стать очень-очень маленьким.

Одна из рук, поставившая его в угол, хватает его за плечо и вытаскивает оттуда. «Что ты сказал?» — требует голос.

Дар дислексии

«Я просил Бога сделать так, чтобы я больше не сидел в углу».

Эта детская молитва является основной причиной для написания этой книги.

ВЫРАЖЕНИЯ БЛАГОДАРНОСТИ

Несмотря на то, что на обложке этой книги стоит мое имя и имя Элдона Брауна, мы не являемся ее единственными создателями. Моя жена Элис приложила столько же сил, как и каждый из нас, чтобы эта книга смогла попасть к вам в руки. Она была не только нашим редактором, но и примиряла нас в спорах, приглаживала взъерошенные перья и лечила ущемленное самолюбие.

Есть еще два человека, которые заслуживают особой благодарности: д-р Фатима Али, которая с 1981 года была главным исполнительным директором Центра по исследованию проблем чтения и моим руководителем, и Лэрри Дж. Рочестер, без помощи которого мы бы никогда не начали эту работу.

Также хочу поблагодарить тех, кто вдохновлял нас, был предан общему делу и помогал нам:

Ракая Ансари
Кортни Дейвис
Д-р Ричард Блэсбенд
Сара Дерр
Элиз Хелмик Дейвис
Джим Эверс
Билл и Шарлотта Фостер
Д-р Луис Генн Джефф Джершоу

Дар дислексии

Д-р Альберт Гайсе
Лэрри и Сьюзан Джилберт
Д-р Брайен Хэлеви-Гольдман
Преп. Бет Грей Крис Джэксон
БеттиЭнн и Делил Джуда
Кейт и Джун Монеген
Вики Морган Жаклин
Прэтт Дана Рахлманн
Мэрилин Розенталь
Д-р Бэрри Шварц
Д-р Джоун Смит
Джил Стоувелл Дороти Таунер

Наконец, я выражаю свою благодарность тысячам дислектиков, которые прошли через двери Центра по исследованию проблем чтения, и тем, кто продолжает приходить каждую неделю. Это именно они отвечают на мою молитву и помогают мне окончательно выйти из моего «угла».

ЧАСТЬ ПЕРВАЯ

Что такое дислексия на самом деле

Дар дислексии

ВЕСЕЛЫЙ ВИНКЕРБИН

ГЛАВА 1: Лежащий в основе талант

Обычно, когда люди слышат слово дислексия, они думают только о проблемах с чтением, письмом, правописанием и математикой у ребенка в школе. У некоторых это ассоциируется только с переворачиванием слов и букв, у других — только с отстающими учениками. Почти все считают, что это некоторая форма неспособности к обучению, но неспособность к обучению — это только одна грань дислексии.

Однажды, когда я был гостем на одном телевизионном шоу, мне задали вопрос о «положительной» стороне дислексии. Часть моего ответа заключалась в том, что я перечислил примерно дюжину имен известных дислектиков. Ведущая Шоу затем прокомментировала: «Разве это не удивительно, что все эти люди смогли стать гениями несмотря на то, что у них была дислексия».

Она не поняла главного. Их гениальность состоялась не вопреки дислексии, а благодаря дислексии!

Известные дислектики

Ганс Христиан Андерсен	Буши Голдберг
Гарри Белафонте	Брюс Дженнер
Александр Грейам Белл	Джон Бриттен
Джордж Бернс	Джей Лено
Стивен Дж. Кэннел	Грег Луганис
Шер	генерал Джордж: Пэттон
Уинстон Черчиль	Нельсон Рокфеллер
Леонардо да Винчи	Чарльз Шваб
Уолт Дисней	Джеки Стюарт
Альберт Эйнштейн	Квентин Тарантино
Генри Форд	Вудроу Уилсон
Дэни Гловер	У. Б. Йитс
Киану Ривз	Агата Кристи
Том Круз	Стив Джобс
Принцесса Диана	Вупи Голдберг
Томас Эдиссон	Огюст Роден
Энсел Адамс	Нолан Райан
Орландо Блум	Робин Уильямс
Пабло Пикассо	Генри Уинклер

Лежащий в основе талант

Наличие дислексии не сделает каждого дислектика гением, но с точки зрения самооценки каждому дислектику хорошо знать, что его мозг работает точно таким же образом, как и мозг великих гениев. Ему также важно знать, что наличие проблем с чтением, письмом, орфографией или математикой не означает, что он тупой или глупый. Та самая умственная функция, которая является причиной гениальности, может также быть и причиной обозначенных проблем.

Умственная функция, вызывающая дислексию, — это дар в самом настоящем смысле этого слова: природная способность, талант. Это нечто особенное, что подчеркивает индивидуальность человека.

Не у всех дислектиков развивается один и тот же талант, но у всех у них есть общие определенные умственные способности. Вот основные свойства, характерные для всех дислектиков:

1. Могут использовать способность мозга изменять и создавать восприятия (основная способность).
2. В высокой степени осознают окружающую их обстановку.
3. Более любопытны, чем обычные люди.
4. Мыслят в основном образами, а не словами.

5. Высоко развита интуиция и проницательность.
6. Думают и воспринимают в многомерном представлении (используя все органы чувств).
7. Могут воспринимать мысль как реальность.
8. Имеют яркое воображение.

Восемь основных способностей, если они не подавлены, не ликвидированы или не разрушены родителями или воспитательным процессом, дадут в результате две характеристики: интеллект выше среднего уровня и чрезвычайно высоко развитые творческие способности. Из них может возникнуть настоящий дар дислексии — дар мастерства.

Дар мастерства развивается разными способами и в разных областях. Для Альберта Эйнштейна это была физика; для Уолта Диснея — искусство; для Грега Луганиса — спорт.

Изменение модели

Чтобы перестать относиться к дислексии как к неспособности, а воспринимать ее как талант, мы должны начать с ясного и четкого понимания того, чем на самом деле является дислексия и что ее вызывает. Следуя поставленной цели, мы выявим как положительные, так и отрицательные аспекты ситуации и сможем увидеть, как развивается дислексия. Тогда мысль о ее коррекции не будет казаться неестественной. Не ограничиваясь исправлением проблемы, мы также можем распознать и изучить дислексию как дар, которым она является на самом деле.

Прежде чем дислектик сможет в полной степени осознать и оценить положительную сторону дислексии, необходимо разобраться с ее отрицательной стороной. Это не значит, что положительная сторона не всплывет на поверхность до тех пор, пока не будут решены проблемы. Дар всегда на месте, даже если он таковым не признается. Фактически многие взрослые дислектики используют в своей жизни положительную сторону, даже не осознавая этого. Вероятнее всего взрослые дислектики уверены, что у них есть определенные способности к чему-то, не задумываясь, что в основе таланта и проблем с чтением, отсутствием хорошего почерка и др. лежат одни и те же функции их ума. Наиболее общие нарушения, связанные с дислексией, возникают при чтении, письме, правописании или выполнении математических действий; но есть и многие другие. Каждый случай дислексии уникален, потому что дислексия — это непреднамеренно самосоздаваемое состояние. Не найдется двух дислектиков, которые создали бы его одинаковым образом.

Дар дислексии

Для того, чтобы понять дар дислексии, мы должны рассматривать неспособность к обучению, известную как «дислексия», под другим углом зрения.

Дислексия — это результат таланта восприятия. В некоторых ситуациях талант становится необходимостью. Человек не осознает, что происходит, потому что использование таланта стало составной частью его мыслительного процесса. Это начинается в очень ранние периоды жизни и сейчас кажется таким же естественным, как дыхание.

ГЛАВА 2: Неспособность к обучению

Термин дислексия — первый общий термин, который применялся для описания различных проблем обучения. В конечном счете проблемы были разделены на группы и категории, чтобы можно было описать различные виды неспособности к обучению. Поэтому мы можем назвать дислексию матерью различных видов неспособности к обучению. В настоящее время для описания ее различных аспектов применяется более семидесяти названий.

Первоначально исследователи считали, что у людей с дислексией имеется некоторый вид церебральных нарушений или нарушений нервной системы, или же, что это врожденная дисфункция, которая подавляет умственные процессы, требуемые для чтения.

Затем, в конце 20-х годов, д-р Сэмюель Торри Ортон дал новое определение дислексии, назвав ее «перекрестной латерализацией мозга». Это означало, что левое полушарие мозга делало то, что обычно должно было делать правое полушарие, а правое полушарие делало работу левого полушария. Это была только теория и через некоторое время он решил, что его выводы неверны. Тогда он предложил вторую теорию, утверждая, что дислексия — это «смешанная доминантность полушарий». Это означало, что иногда правое полушарие мозга делало то, что должно было делать левое полушарие и наоборот.

Сегодня существует много различных теорий по поводу того, чем является дислексия и что ее вызывает. Большинство из них было сформулировано для получения возможности объяснить симптомы или характеристики дислексии и причины возникновения неспособности к чему-то.

Новый подход

Теории и методики, описанные в этой книге, были разработаны не для того, чтобы разъяснить происхождение проблемы, а для того, чтобы объяснить, почему ее можно корректировать.

Теории были сформулированы во время и после разработки корректирующих методик, описанных в последних главах. Поскольку я применил принцип «заднего ума» и имел личный опыт того, что значит «быть дислектиком», мой подход абсолютно иной.

Вот что я обнаружил: дислексия не является результатом церебрального нарушения или нарушения нервной системы. Она также не вызывается пороком развития мозга, внутреннего уха или глазных яблок. Дислексия — это продукт мысли и особый способ реагирования на ощущение замешательства.

Два вида мысли

Широко принятым мнением является то, что люди думают двумя разными способами: «вербальной концептуализацией» и «невербальной концептуализацией».

Вербальная концептуализация означает мышление с помощью звуков или слов. Невербальная концептуализация означает мышление с помощью мысленных образов концепций или понятий.

Вербальная мысль линейна во времени. Она повторяет структуру языка. Используя ее, человек составляет мысленные предложения слово за словом. Вербальное мышление осуществляется примерно с такой же скоростью, как и речь. Скорость нормальной речи составляет примерно 150 слов в минуту или 2,5 слова в секунду. Опытный диктор радио или аукционист может говорить со скоростью 200 слов в минуту. Созданная электронным образом речь может оставаться понятной для внимательного слушателя, если ее скорость составляет до 250 слов в минуту. Фактически это максимальный предел вербальной концептуализации.

Невербальная мысль эволюционна. Образ «растет» по мере того, как процесс мышления добавляет больше концепций. Невербальная мысль значительно быстрее, возможно, в тысячи раз быстрее. Фактически процесс невербального мышления тяжело понять, потому что он происходит так быстро, что вы его не осознаете, когда осуществляете. Обычно невербальное мышление подсознательное или ниже уровня сознательного понимания.

Люди думают как вербальным, так и невербальным образом, но, будучи людьми, мы обладаем склонностью к специализации. Каждый человек будет прибегать к одному способу как к основному, а другой способ будет иметь для него вторичное применение.

На протяжении того периода времени, когда формируется аспект дислексии, который мы называем «неспособность к обучению» (в возрасте от трех до тринадцати лет), у потенциального дислектика должен преобладать невербальный способ мышления, т. е. это человек, который мыслит образами.

Чтобы понять как такой способ мышления способствует развитию у дислектика неспособности к обучению следует посмотреть на наш язык. Мы можем считать, что язык является зеркалом мыслительного процесса. В противном случае любому человеку было бы слишком сложно его выучить.

Язык состоит из символов. Символы состоят из трех частей:

1. Как символ звучит.
2. Что символ означает.
3. Как символ выглядит.

Когда мы применяем вербальную концептуализацию, то думаем звуками языка. Фактически мы ведем внутренний монолог, состоящий из мысленных утверждений, вопросов и ответов. Некоторые люди вербализируют эти концептуализации, разговаривая вслух сами с собой. Это медленный процесс, но ровно такой, который позволяет легко понять смысл предложения, даже если некоторые слова не будут полностью знакомы.

Мысленное прослушивание предложения может

помочь пониманию, потому что все символы (буквы и слова) обычно не возникают в такой последовательности, которая раскрывает смысл предложения так, как это происходит, когда оно прочитывается. Например, вы не можете сказать, является ли предложение в русском языке утверждением или вопросом, пока не дойдете до его последнего слова и не увидите, что стоит после него — точка или вопросительный знак, не так ли?

Если мы применяем невербальную концептуализацию, мы думаем значениями языка, формируя мысленные образы его концепций и понятий. Образы не являются просто зрительными. Они скорее больше похожи на трехмерные мультисенсорные кинофильмы. Они изменяются и развиваются по мере чтения предложения. Процесс происходит во много раз быстрее, чем вербальная концептуализация. Но в этом и проблема, так как некоторые части языка легче изобразить в виде концепций или понятий, чем другие.

Помните, что у дислектиков внутренний монолог развит слабо или его вообще нет, поэтому они не слышат, что они читают, если это не чтение вслух. Вместо этого дислектики формируют мысленный образ, добавляя к нему значение или образ значения каждого нового слова, предстающего перед ними.

Два вида слов

Слова, которые описывают реальные вещи, не вызывают у дислектиков много проблем.

При невербальном мышлении мы можем легко думать, используя слово слон, если знаем, как именно выглядит слон. Животное, которое мы называем «слон», — это истинное значение слова слон. Когда мы смотрим на его изображение, мы видим его значение. Мы можем думать, используя слово дом, если можем представить себе место, где мы когда-то жили. Мы можем думать с помощью таких существительных, как например: школа, книга, бумага и карандаш; потому что мы знаем, как они выглядят. Мы можем думать с помощью таких глаголов, как летать, спать, смотреть и им подобных, потому что мы видели или ощущали действия, описываемые этими словами.

Человек с невербальным мышлением не может думать с помощью слов, значения которых нельзя изобразить. Если мы знаем, как выглядит «в», это не значит, что мы можем думать с помощью «в». Равно как и знание того, как выглядит «и», «или», «это» не позволяет нам думать с помощью этих слов. Когда мы видим буквы Э-Т-О для слова «это», то не значит, что мы видим его значение. Единственное доступное изображение для таких слов — это форма самих букв. Когда мы используем процесс визуализации, характерный для невербального мышления, мы не можем изобразить значение слова в виде объекта или действия.

Когда мы читаем предложение, применяя при этом вербальную концептуализацию, то, к примеру, слова «*в*», «*и*», «*это*», не составят для нас труда так как мы знаем, как они звучат. Мы создадим образ значения предложения только после того, как прочтем его. Даже если мы не знаем точного значения таких слов, у нас не возникнет проблем, так как понимание общего смысла предложения придет после того, как мы прочтем и мысленно прослушаем его.

Чтение того же самого предложения при использовании невербальной концептуализации вызовет симптомы дислексии. Изображение значения предложения развивается по мере того, как мы его читаем. Эволюционное развитие изображения, формируемого предложением, прекращается каждый раз, когда значение неизвестного слова нельзя включить в общую картину. Проблема будет усложняться каждый раз, когда нам будет встречаться слово, значение которого не имеет соответствующего мысленного образа. В результате мы приходим к ряду ни к чему не привязанных образов с пробелами между ними.

При невербальной концептуализации каждый

раз, когда стопорится процесс создания образа, человек будет испытывать чувство замешательства, потому что создаваемый образ становится более разрозненным. Прибегнув к концентрации, читатель может пропустить пробелы и продолжить, но чем дальше он будет читать, тем большее и большее замешательство будет ощущать. В конце концов он достигнет своего порога замешательства.

И вот тут человек становится дезориентированным.

Дезориентация означает, что восприятие символов изменяется и становится искаженным, следовательно, чтение или письмо становится крайне сложным или невозможным. Это звучит иронически, но такое смещение восприятия представляет собой именно тот механизм, который помогает дислектикам опознавать объекты реальной жизни и события, происходящие в их окружении, до того, как они начинают учиться читать.

ГЛАВА 3: Последствия дезориентации

Под ориентацией подразумевается такое состояние, при котором вы знаете, где вы находитесь относительно окружающей вас обстановки. С точки зрения восприятия — это то, что вы определяете факты и условия вашего окружения и ставите себя в должное положение относительно них. Когда вы видите, слышите или ощущаете окружающий вас мир с определенной точки зрения, имеющей для вас смысл, вы находитесь в состоянии ориентации. Работа штурмана самолета или корабля заключается в том, что он определяет ориентацию самолета или корабля относительно окружающей его обстановки.

Люди ориентируют себя визуально, глядя на мир двумя глазами. Мозг сравнивает два образа, которые видят глаза, и использует разницу между ними для формирования трехмерного мысленного образа, который сообщает нам, как далеко находятся от нас предметы. Тоже самое делают уши, чтобы определить, откуда доносится звук. Это метод известен под названием триангуляция. Он одинаково работает как в области восприятия, так и в области навигации.

Строго определенная точка, из которой происходит ваше восприятие, не находится визуально на хрусталиках ваших глаз, потому что это две разные точки. Фактически это мысленный «экран» в мозгу. Обычно у людей складывается впечатление, что они смотрят на мир из точки, расположенной где-то позади глаз.

Умственный глаз

Существует также точка умственного восприятия, из которой человек смотрит на мысленные образы и мысли. Если вы закрываете глаза и смотрите на воображаемый мысленный образ, эта точка восприятия находится там, откуда вы смотрите, или же ею является то, что вы используете, чтобы смотреть. Это не то же самое, что точка визуального восприятия, но основной принцип работы такой же, как и принцип зрения: нечто смотрит на нечто другое. Этот «эпицентр восприятия» есть то, что я называю «умственным глазом». Когда он смещается, это вызывает дезориентацию всех физических ощущений. Подробно это объясняется в главе 23 и 24. На данный момент давайте просто выясним для себя, что такое дезориентация и как человек чувствует себя в этом состоянии.

Дезориентация является распространенным явлением. За очень небольшим исключением каждый человек время от времени оказывается в таком состоянии. Дезориентация — это естественная функция нормального мозга. Она случается, когда нас подавляют раздражители или мысли. Она также случается, когда мозг принимает противоречивую информацию от различных органов чувств и пытается ее коррелировать.

Критерий дезориентации

Когда я учился в колледже на первом курсе, я очень сильно простудился, что дало серьезное осложнение на среднее ухо. Я два дня пролежал в бреду в больнице, а затем очнулся в состоянии неконтролируемой дезориентации. Звуки были такими громкими, что мне было больно их слышать. Я видел перед собой много образов. Мои пальцы не хотели делать то, что я от них хотел. Когда я открыл глаза, все мои органы чувств говорили мне, что я вращался в пространстве.

Последствия дезориентации

Когда я спросил врача, что со мной происходит, он сказан мне, что я нахожусь в таком состоянии потому, что мой мозг принимает и посылает противоречивые сенсорные восприятия.

«В твоих внутренних ушах есть два органа, которые сообщают твоему мозгу, что такое верх», — объяснил он. «Правый орган работает, а левый говорит твоему мозгу, что верх — это какое—то другое направление. Эти два сигнала не соответствуют друг другу, поэтому ты чувствуешь себя так, как будто ты вертишься».

«Но я вижу, что я вращаюсь», — сказал я. «Почему это так?»

«Твоим органам чувств нельзя быть в разногласии», сказал доктор. «Видимо, именно так сконструирован мозг. Твое зрение проводит регулировку так, чтобы сигналы соответствовали друг другу. То вращение, которое ты видишь — это соответствие искажениям твоего ощущения чувства равновесия».

На тот момент мне помогло понимание, что мои ощущения были результатом болезни, и что искажения пройдут. Позже, когда я начал изучать дезориентацию, существование данного критерия засело у меня в голове. Это объясняло, почему искажение одного органа чувств вызывает соответствующие искажения других.

Если вы встанете и десять раз быстро повернетесь вокруг себя, то ощутите дезориентацию в виде тошноты. Если вы будете смотреть на вращающийся диск с нарисованной на нем спиралью, то почувствуете дезориентацию в виде ощущаемого движения. Если вы сидите в машине под знаком «стоп», а стоящая перед вами машина откатывается назад, то скорее всего у вас будет такое физическое ощущение, что ваша машина движется вперед и вы сильнее давите на тормоз прежде, чем успеваете подумать об этом.

В состоянии дезориентации ваш мозг видит, что объекты движутся, тогда как на самом деле этого не происходит, или ваше тело чувствует себя так, будто вы движетесь, тогда как на самом деле этого не происходит. Ваше чувство течения времени может замедлиться или ускориться. Ваш мозг изменяет ваше фактическое восприятие, и вы ощущаете изменение восприятия как реальность.

Каждый раз, когда возникает состояние дезориентации, все ощущения (кроме ощущения вкуса) меняются. Мозг больше не видит того, что видят глаза, вместо этого он видит измененное восприятие образов. Мозг больше не слышит того, что слышат уши, вместо этого он слышит измененное восприятие звуков. И так далее относительно остальных восприятий, включая осязание, равновесие, движение и время.

Дилемма дислектиков

Теперь ясно, что дезориентация является распространенным явлением, но для дислектиков она выходит далеко за рамки обычного. Дислектики не просто ощущают дезориентацию, они вызывают ее, сами того не осознавая.

Дислектики используют дезориентацию на подсознательном уровне для того, чтобы получить многомерное восприятие. Искажая ощущения, они могут воспринимать многочисленные образы мира. Они могут воспринимать объекты в нескольких разных перспективах и получать больше информации из этих восприятий, чем другие люди.

Очевидно, что в раннем детстве они каким-то образом нашли способ определять функцию дезориентации в мозгу и включать ее в свой процесс мышления и распознавания. Для младенцев, которые не могут легко перемещаться, чтобы исследовать окружающую среду, на помощь приходит способность «заполнять пробелы» и они видят объекты мысленно в нескольких различных перспективах.

Поскольку измененное восприятие дает возможность определить объекты, которые иначе остались бы неопознанными, дезориентация становится нормальной частью мыслительного процесса дислектиков. В состоянии дезориентации дислектики не осознают того, что происходит, потому что это происходит слишком быстро. Они осознают лишь последствия дезориентации, что происходит только тогда, когда используют дезориентацию: более высокая степень распознавания трехмерных объектов, звуков и тактильных раздражителей. Помимо применения дезориентации для разрешения состояния замешательства, дислектики также используют изменение восприятия, которое возникает вместе с дезориентацией, для творческого воображения. Когда изменение восприятия применяется для решения проблемы во время невербальной концептуализации, его можно назвать интуицией, изобретательностью или вдохновением. Когда это делается для развлечения, то называется фантазиями или грезами.

Больше о врожденных талантах дислектиков будет рассказано далее. На данный момент достаточно сказать, что включение дезориентации в процесс мышления может сделать дислектиков более восприимчивыми или дать им более богатое воображение, чем у обычных людей. Когда дислектики начинают использовать речь, это также создает возможность для развития неспособности к обучению.

До сих пор дислектик использовал дезориентацию для разрешения состояния замешательства. Это хорошо работало в применении к реальным физическим объектам, так что, вероятно, дислектик дезориентируется подсознательно, когда сталкивается с символом, вызывающим замешательство. К сожалению, когда дислектик смотрит на напечатанное слово на странице сверху или с обратной стороны или когда оно разбито на составляющие, это слово вызывает еще большее замешательство, чем обычно.

Когда дислектик учится читать и состояние замешательства начинает усугубляться, он быстро достигает своего порога замешательства. Когда это происходит, дислектик больше не видит, что на самом деле написано на странице, вместо этого он видит то, что, как он думает, есть на странице. Так как символ — это не объект, и он только представляет звучание слова, которое описывает объект, действие или понятие, дезориентация не окажет помощи в его распознавании. Поскольку символ не распознан, дислектик сделает ошибку. Эти ошибки являются первичными симптомами дислексии.

ГЛАВА 4: Дислексия в действии

В русском языке существует около 600 основных слов, представляющих проблему для большинства дислектиков. Они находятся в разговорном словаре дислектика, а значит активно используются в речи, но при этом дислектик не может создать мысленные образы значений этих слов и соответственно не может думать с помощью них. Эти маленькие слова кажутся самыми простыми в языке, но по сути являются стимулами или пускателями симптомов дислексии.

Слова-пускатели имеют абстрактное значение и зачастую у них есть несколько разных значений. Для дислектиков слова-пускатели превращаются в ловушку, потому что они не представляют визуальные объекты или действия. И так получилось, что эти самые слова-пускатели наиболее часто встречаются в каждодневной речи и письме. Полный список слов-пускателей приводится в главе 35.

> ### Происхождение списка слов—пускателей
>
> Я не выдумал этот список. Как и многие другие открытия, связанные с моей работой, он вызвал некоторое удивление и мысль: «Это настолько очевидно, я должен был все это знать».
>
> Вскоре после моего первого открытия по поводу восприятия стало очевидным, что замешательство запускало дезориентацию и что замешательство возникало каждый раз, когда человек не распознавал символ. Я думал, что у каждого дислектика должен был бы быть небольшой, характерный только для него, список слов-пускателей. В наши программы входило обучение людей тому, как замечать состояние дезориентации, когда оно наступает и составлять список собственных слов-пускателей, чтобы они знали, какие слова надо осваивать.
>
> Когда я сделал свой список, то удивился, так как представлял его себе иначе. Меня смутило то, что в него входили и слова, состоящие из одной буквы, и все слова, состоящие из двух букв, и, в большинстве своем, слова, состоящие из четырех букв. Мне стало легче, когда я обнаружил, что списки, составленные нашими

клиентами, включают такие же слова, но все еще был удивлен получившимся результатом.

Однажды вечером, в августе 1982 года, просматривая список Долча (Dolch), в котором приводятся основные слова, употребляемые учителями в начальной школе, я отметил галочкой несколько слов и задумался над тем, почему некоторые из них (например, «в», «и», «это») запускали дезориентацию, а другие (например «дом», «еда», «друг») не вызывали симптомов дислексии. Я начал тщательно изучать свои процессы мышления при чтении каждого слова. Как в мультфильме, где вдруг над головой загорается лампочка, пришедшее ко мне понимание осветило мой мир. Я обнаружил, что у меня не было мысленных образов для слов-пускателей. Я не мог изобразить их так, чтобы я мог думать с их помощью.

Из списка Дольча[1] я выбрал 196 слов, которые вызывают дезориентацию. На данный момент их количество увеличилось до 221 [*Прим. переводчика: на английском языке*], причем большинство из добавленных слов являются сокращенными или другими формами слов из начального списка.

---

[1] Список слов Дольча — это список часто используемых английских слов, составленный Эдвардом Уильямом Дольчем. Он часто применяется в материалах для чтения для начинающих.

Как слова-пускатели вызывают проблемы

Чтобы сложить кусочки головоломки в картинку, давайте рассмотрим типичную сцену, в которой ребенок с дислексией пытается читать вслух.

Простое предложение, подобное тому, которое приведено ниже, было бы легко прочесть десятилетнему ребенку, думающему с помощью слов или звуков. Но для десятилетнего ребенка с дислексией, который создает мысленные образы-сценки по мере того, как читается каждое слово, это более сложный процесс.

Этот коричневый конь перепрыгнул через некий каменный забор и побежал по пастбищу.

Для десятилетнего дислектика первое слово «*Этот*» вызвало пробел в мысленном воображении, потому что изображения для него не было. Пробел изображения является сущностью замешательства; ничего из того, что испытывает человек, не может соответствовать замешательству, которую он вызывает. Тем не менее, применяя концентрацию, ребенок пробирается через пробел изображения и произносит «этот», потом заставляет себя перейти к следующему слову. Слово «*коричневый*» создает мысленный образ цвета, но у него нет определенной формы. Продолжая концентрироваться, он говорит «коричневый».

Слово *«конь»* преобразует коричневую картинку в коня этого цвета. Концентрация продолжается и произносится слово «конь». Слово *«перепрыгнул»* заставляет переднюю часть коричневого коня подняться в воздух. Он продолжает концентрироваться, говоря «перепрыгнул». Слово *«через»* заставляет подняться заднюю часть коричневого коня. Все еще концентрируясь, он говорит «через». Следующее слово «некий» снова вызывает пробел. Замешательство для читателя возросло, но порог замешательства еще не достигнут. Теперь он должен удвоить свою концентрацию, чтобы перейти к следующему слову. При этом он может или не может пропустить сказать слово *«некий»*. Слово *«каменный»* создает мысленный образ каменной глыбы, но без определенной формы. Удвоив свою концентрацию, он говорит «каменный». Следующее слово *«забор»* превращает камень как материал в каменный забор. Все еще находясь в состоянии удвоенной концентрации, он говорит «забор». Следующее слово *«и»* опять вызывает пробел в изображении и на этот раз достигается порог замешательства.

Так что ребенок становится дезориентированным.

Ребенок опять останавливается в состоянии еще

большего замешательства, удвоенной концентрации и теперь еще и дезориентированный. Он может продолжать единственным образом — это попробовать сконцентрироваться еще больше. Но сейчас, поскольку он также и дезориентирован, у него появятся симптомы дислексии. Очень вероятно, что он пропустит и не скажет слово «и» или также вероятно, что вместо него он скажет «а» или «в». Вот теперь у него больше нет точного восприятия слов на странице. Сейчас он тратит огромное количество усилий и энергии на концентрацию только чтобы продолжить.

Следующее слово «*побежал*» он заменяет словом «*побежит*», потому что он теперь дезориентирован. Он видит образ бегущего себя, который абсолютно не связан с образом бегущего коня. И он говорит «*побежит*».

Следующее слово «*по*» опять вызывает пробел в изображении. Ребенок опять останавливается, находясь в состоянии еще большего замешательства, и все еще дезориентированный. У него есть единственный выход — еще более усилить концентрацию. Делая это, он пропускает и не говорит слово «*по*». К этому моменту его дезориентация вызвала чувство, похожее на головокружение. Его тошнит и слова, и буквы плывут по странице.

Для последнего слова «*пастбище*» он должен по очереди поймать каждую букву так, чтобы он смог произнести слово. Сделав это, ребенок видит изображение покрытого травой места. Хоть он и дезориентирован так как потратил дополнительные усилия и энергию на то, чтобы поймать и произнести каждую букву, он правильно произносит это слово — «*пастбище*».

Закончив предложение, он закрывает книгу и отталкивает ее. Хватит с меня этого!

Если его спросить, о чем он только что прочитал, скорее всего, он скажет нечто вроде «о месте, где растет трава». У него есть изображение коня в воздухе, каменного забора, бегущего себя и покрытого травой места, но он не может связать отдельные элементы в предложение, чтобы создать мысленный образ описанной сцены.

Для всех, кто видел или слышал, как он читал предложение или слышал его ответ на вопрос, будет очевидным, что он не понял ничего из того, что только что прочитал. А его не беспокоит, что он не понял этого. Он благодарен за то, что пережил пытку чтения вслух.

Дислексия в действии

Слово	Реакция	Видит/думает	Говорит
Этот	прекращается процесс создания изображения; начинается концентрация	пробел	этот
коричневый	концентрация продолжается	коричневый цвет	коричневый
конь	концентрация продолжается	коричневый конь	конь
перепрыгнул	концентрация продолжается	передняя часть коня поднимается	перепрыгнул
через	концентрация продолжается	задняя часть коня поднимается	через
некий	прекращается процесс создания изображения; концентрация удваивается	пробел	некий
каменный	удвоенная концентрация	каменная глыба	каменный
забор	удвоенная концентрация	каменный забор	забор
и	прекращается процесс создания изображения; возникает дезориентация; концентрация утраивается	пробел	(пропускает слово?)

Слово	Реакция	Видит/думает	Говорит
побежал	*дезориентация продолжается; утроенная концентрация*	бег	*побежит*
по	*прекращается процесс создания изображения; дезориентация продолжается; концентрация учетверяется*	пробел	*(пропускает слово)*
пастбищу	*дезориентация продолжается; учетверенная концентрация*	покрытое травой пастбище	*пастбищу*

Если бы он был немного старше, то осознал бы, что он только что прочитал нечто, что не понял. Тогда что бы он сделал скорее всего? Прочитал это снова. Кажется логичным, что если мы читаем что-то еще раз, то мы это лучше поймем — не так ли? Посмотрите опять на описанную выше сцену и задайте вопрос: «Что изменилось для того, чтобы во второй раз предложение было прочитано иначе?» — Ничего!

Читая важную информацию или технические данные, взрослые люди с дислексией будут перечитывать материал от трех до десяти раз, прежде чем почувствуют, что они понимают прочитанное или же они прекратят эти попытки.

Разве плохо быть в состоянии концентрации?

Здесь я должен кое-что разъяснить относительно концентрации: большинство людей считают ее положительной способностью, но слишком большое количество чего-то, даже чего-то положительного, может принести вред. Степень концентрации, необходимая дислектику для того, чтобы пробраться через пробел в изображении, определенно имеет отрицательные последствия.

Когда люди на чем-то концентрируются, то переносят на это большую часть своего сознания. Когда они интенсивно концентрируются, то ограничивают свое сознание только до этого объекта.

Это основной принцип гипнотизма. Именно описанный механизм используют гипнотизеры, чтобы ввести человека в состояние транса. Когда дислектики интенсивно концентрируются для того, чтобы что-то прочитать, они находятся в состоянии гипноза, что повышает сложность понимания прочитанного материала и увеличивает период времени, необходимый для его понимания.

ГЛАВА 5: Компульсивные решения

Как только дезориентация становится причиной ошибок, ребенок с дислексией входит в состояние фрустрации. Никто не любит делать ошибки и в возрасте примерно девяти лет ребенок с дислексией начинает искать, выявлять и приспосабливать различные методы для решения проблемы. Даже если найденные способы создают впечатление некого прогресса, то фактически проблема с чтением становится настоящей неспособностью к обучению.

Методы, которые придумывают дислектики, не решают реальной проблемы искаженного восприятия; они дают только временное облегчение состояния фрустрации. Это окольные способы, которые позволяют справиться с последствиями дезориентации. В конечном итоге замедляется процесс изучения и формируется действительная неспособность к обучению.

Найденные «решения» — это способы, которые позволяют что-то делать и тактика, применяемая для понимания или запоминания чего-либо. Они быстро становятся видами компульсивного поведения. *(Прим. переводчика: компульсивный — психологический термин, означающий: навязанный, принудительный)*. Как только дислектик примет один из найденных методов, то закрепит его как единственно возможный способ выполнять конкретную функцию. Во время процесса коррекции дислексии я начинаю называть их «старые решения», потому что они больше не нужны.

Несмотря на то, что многие дислектики начинают создавать компульсивные решения в возрасте до девяти лет и продолжают генерировать их далее до конца своей жизни, большинство «костылей для обучения» вырабатывается в возрасте от девяти до двенадцати лет. У дислектиков обычно сотни, если не тысячи таких «костылей».

Вот несколько общих примеров компульсивных решений.

Алфавитная песенка

Рассмотрим обычное детское решение — петь алфавит. *(Прим. переводчика: распевание алфавита на определённую мелодию — общепринятый способ заучивания в англоязычных школах*). Если песенку учат дома или в детском саду просто ради заучивания, то в течение двух лет большинство детей смогут рассказать алфавит, не прибегая к необходимости петь песенку или мысленно воспроизводить ее. Но, если ребенок принимает песенку как решение того, что он не может выучить алфавит, то он никогда не сможет рассказать алфавит, пока не споет песенку вслух или не воспроизведет ее мысленно.

Он знает только песенку, а песенка знает алфавит. Так что при использовании песенки может показаться, что он знает алфавит. Каждый раз, когда он захочет найти фамилию в телефонном справочнике или найти слово в словаре, он будет прибегать к песенке. Песенка становится компульсивным поведением.

Высокая степень концентрации

Из всех компульсивных решений, которые имеются у дислектика, вероятно, самым худшим является «концентрация». Не научившись концентрироваться, большинство дислектиков не способны читать вообще. Как только они учатся достигать достаточно высокой степени концентрации, то могут читать, но медленно и утомительно. Проблема кроется в том, что чтение становится для них неприятным и болезненным. Если то, что пытаются прочесть, важно, им приходится читать это снова и снова, множество раз, чтобы убедиться в правильности. Они не будут читать ради удовольствия, потому что в такой высокой степени концентрации удовольствие отсутствует.

Вероятно, наиболее общие характеристики дислексии у взрослых — это медленное чтение, повторение одного и того же материала много раз и даже головные боли, связанные с напряжением и вызванные сильной концентрацией, к которой они вынужденно прибегают, чтобы быть в состоянии читать.

Для дислектиков существует четкая разница между понятием сконцентрироваться и понятием обратить внимание. Обратить внимание на что-то интересное — это удовольствие. Сконцентрироваться на чем-то, что угрожает вашей жизни, — отсутствие какого-либо удовольствия, более того это напряжение на грани возможного и человеку с дислексией неспособность читать и писать часто кажется опасным для жизни занятием.

«Сделай это за меня»

Для взрослых дислектиков существует более легкое решение, чем высокая степень концентрации: надо просто убедить других людей читать и писать вместо себя. Вы могли уже попасть в такую ловушку, когда кто-то просил вас: «Не могли бы вы прочесть это и сказать мне, что вы об этом думаете?»

Помните, как человек пытался выудить побольше информации? Это была уловка, даже если вы и не осознали данный факт. На самом деле его интересовало не ваше мнение, а информация, изложенная в том материале, который он просил вас прочесть. Ваше умение читать было использовано дислектиком, который не мог расшифровать слова на странице, и привлек вас для того, чтобы вы ему их растолковали.

Некоторые ярко выраженные дислектики стали исполнительными директорами больших компаний благодаря интуитивным способностям «видеть» правильную стратегию и мобилизовать рабочую силу. Они всегда будут вкладывать значительные финансовые средства в самую современную звуковую и видеоаппаратуру — во все, что передает информацию в форме, отличной от письменной. Они возложат на доверенных подчиненных обязанность читать для них материалы и передавать письменные сообщения. А все потому, что они являются скрытыми функционально неграмотными личностями.

К лучшему или к худшему?

По иронии судьбы многие из «лучших» обучающих и руководящих методов, применяемых для помощи дислектикам, не делают ничего, кроме насаждения и усиления компульсивных типов поведения. Это понятно, потому что кажется, что дислектик в конце концов начинает учиться.

Это всего лишь иллюзия. Фактически ребенка ставят в такие условия, при которых он механически выполняет действия, на самом деле не понимаемые им. Такая схема превратится в пожизненную неспособность, если ее не скорректировать в какой-то момент времени в будущем.

ГЛАВА 6: Проблемы с чтением
(Особенно в английском языке)

Возможно, вы уже забыли, как это было, когда вы учились читать. Большинство людей, умеющие читать достаточно хорошо, делают это автоматически, не осознавая того, какое большое число операций совершает их разум. Многие ученые считают, что чтение является наиболее сложной функцией, выполнение которой мы требуем от нашего мозга.

Возможно, вы слышали о компьютерной программе, которая осуществляет оптическое распознавание символов. Она «читает» напечатанный образ и преобразовывает его в текстовые символы, которые можно применять в компьютерной программе. Система почтовой связи использует эту программу для считывания

Проблемы с чтением

почтовых кодов в целях сортировки корреспонденции. Работа подобных программ занимает много времени, поскольку они медленно расшифровывают букву за буквой. Для них также характерно большое число ошибок. Это чудо, что они вообще работают, учитывая сложность поставленной задачи.

Когда вы читаете, ваш мозг должен сделать тоже самое (хотя вы, вероятно, распознаете много слов целиком). Затем вам нужно найти слова в вашем мысленном словаре и поставить их в ряд относительно друг друга так, чтобы они имели смысл в рамках контекста законченного предложения или мысли. Фактически, вы преобразовываете символы в звуки слов, а затем объединяете эти слова в речь. Для дислектика описанный процесс — это две большие проблемы.

Во-первых, когда дислектик находится в состоянии дезориентации, его программа оптического распознавания символов не получает четкого изображения символов на странице; она пытается прочесть эквивалент плохой копии, поэтому делает больше ошибок.

Во-вторых, дислектик на самом деле внутренне не слышит мысли. Это значит, что он мысленно не произносит слова, когда читает их. Фактически несмотря на современную популярность звуковых методов обучения чтению, дислектики обычно показывают лучшие результаты при чтении с листа, когда они просто узнают отдельное слово как концепцию.

Проблемы, которые возникают у дислектика при обучении чтению, такие же, какие стоят и перед всеми детьми, но размеры их больше. Они усугубляются наличием исключений из орфографических правил во многих языках мира. Если бы печатное слово представлялось более последовательно, особенно в первых школьных учебниках, некоторые из проблем были бы значительно менее серьезными для всех детей.

Проблема типографского характера

До наступления прошлого века все печатные издания были очень похожи друг на друга. Это объяснялось тем, что при подготовке текста к печати использовались отлитые в литейных формах металлические символы. В печатной машине могло вместиться только определенное число наборов шрифта, и они должны были равномерно расположиться в строке. Главным исключением были нарисованные вручную знаки и афиши.

Сегодня, благодаря компьютерам, в нашем распоряжении огромное число шрифтов и мы можем сделать свой выбор. Графики-дизайнеры могут выразить себя еще больше, преобразуя, изгибая или каким-либо другим образом искажая шрифты. Это делает печатную страницу более художественной, но менее удобной для чтения, особенно для дислектиков, которые добавляют свои собственные искажения каждый раз, когда им попадается слово или символ, приводящий их в состояние дезориентации.

Данное утверждение справедливо даже для словарей, которыми пользуются школьники. Например, вот начало трех словарных статей из английского словаря «молодых людей». Как вы думаете, что они обозначают?

III
I'll
Ill.

Вот полное содержание статей:

III. римская цифра 3
I'll форма будущего времени для 1 л. ед. ч.
Ill. сокращение для названия штата Иллинойс
Обратите внимание на то, что вы не можете отличить сокращение для штата Иллинойс от римской цифры «три», поскольку и в том и в другом случае в конце обычно ставится точка. Точно также нельзя отличить заглавную букву «I» от прописного варианта буквы «L».

Дар дислексии

Вот несколько примеров различных шрифтов русского алфавита. В порядке эксперимента попробуйте перевернуть эту книгу вверх ногами или поднесите ее к зеркалу и посмотрите, в каком случае будет сложнее читать. Вероятно, вы увидите, что шрифты, которые вызвали у вас больше всего трудностей, самые необычные или те, у которых наиболее сложные декоративные элементы. Это шрифты, представляющие наибольшую трудность для дислектиков.

АБВГДЕЁЖЗИЙКЛМНОПРСТУФХЦЧШЩЪЫЬЭЮЯ
яюэьыъщшчцхфутсрпонмлкйизжёедгвба
1234567890

АБВГДЕЁЖЗИЙКЛМНОПРСТУФХЦЧШЩЪЫЬЭЮЯ
яюэьыъщшчцхфутсрпонмлкйизжёедгвба   1234567890

АБВГДЕЁЖЗИЙКЛМНОПРСТУФХЦЧШЩЪЫЬЭЮЯ
яюэьыъщшчцхфутсрпонмлкйизжёедгвба   1234567890

АБВГДЕЁЖЗИЙКЛМНОПРСТУФХЦЧШЩЪЫЬЭЮЯ
яюэьыъщшчцхфутсрпонмлкйизжёедгвба   **1234567890**

АБВГДЕЁЖЗИЙКЛМНОПРСТУФХЦЧШЩЪЫЬЭЮЯ
яюэьыъщшчцхфутсрпонмлкйизжёедгвба   1234567890

АБВГДЕЁЖЗИЙКЛМНОПРСТУФХЦЧШЩЪЫЬЭЮЯ

Проблемы с чтением

яюэьыъщшчцхфутсрпонмлкйизжёедгвба   1234567890

АБВГДЕЁЖЗИЙКЛМНОПРСТУФХЦЧШЩЪЫЬЭЮЯ
яюэьыъщшчцхфутсрпонмлкйизжёедгвба   *1234567890*

АБВГДЕЁЖЗИЙКЛМНОПРСТУФХЦЧШЩЪЫЬЭЮЯ
яюэьыъщшчцхфутсрпонмлкйизжёедгвба   **1234567890**

АБВГДЕЁЖЗИЙКЛМНОПРСТУФХЦЧШЩЪЫЬЭЮЯ
яюэьыъщшчцхфутсрпонмлкйизжёедгвба
1234567890

Алфавитные препятствия

Русский алфавит не является точным с фонетической точки зрения. Для того, чтобы представить все возможные звуки речи, ему бы потребовалось сорок два символа. В английском алфавите содержится двадцать шесть символов, в русском — тридцать три. В некоторых языках алфавит состоит из пятидесяти и более символов. Это исключает необходимость в некоторых символах или комбинациях символов для представления пяти разных звуков как это делается в английском языке. Если вы будете читать вслух на некоторых языках и просто фонетически произносить буквы, то будете правильно говорить каждое слово, не задумываясь над тем, какие звуки вы должны произносить.

Даже в языках с аналогичными английскому символами (к примеру, в испанском, французском и португальском), щедро расставляются надстрочные (диакритические) знаки над такими буквами, как, например, «а» и «е», чтобы помочь людям правильно произносить их. Испанцы настолько вежливы, что предупреждают нас — в предложении вопрос, ставя перевернутый вверх ногами вопросительный знак в начале предложения.

Естественно, что дислексия — это всемирное явление, по крайней мере она существует повсюду, где языки состоят из звуковых символов. Различия в культуре и методах обучения сделали бы трудным определение того, как именно влияют разные языки на процесс обучения. Но здравый смысл говорит мне, что английский язык с его многочисленными исключениями из правил является для дислектиков одним из наиболее трудных языков с точки зрения произношения и орфографии.

Учитель мог бы помочь своим ученикам, если бы объяснил, что наш язык представляет собой довольно беспорядочную систему с таким большим количеством вариантов и исключений из правил, что правила часто не работают совсем.

Чтение не является единственной сферой, в которой проявляются симптомы дислексии. Поскольку дислектики обычно реагируют на замешательство переходом в состояние дезориентации, то каждый раз, когда мы обнаруживаем символы — произнесенные или написанные — мы можем обнаружить симптомы. Чаще всего это касается орфографии, математики, почерка, дефицита внимания и гиперактивности.

ГЛАВА 7: Проблемы с орфографией

Проблемы дислектиков с орфографией в большинстве своем являются результатом дезориентации. При возникновении состояния дезориентации человек получает несколько изображений слова. Оно представляется не только спереди, сзади и вверх ногами в обоих вариантах — оно разделяется на части, а потом эти части складываются во всех возможных комбинациях. Существует по крайней мере сорок различных вариантов слов, состоящих из трех букв, как, например, слово «кот», и только шесть из них являются «логическими» версиями, в которых буквы представлены в своей правильной конфигурации (см. рисунок на с. 88).

Конечно, эти варианты включают только

перестановку букв в двухмерном представлении. Дислектики часто видят буквы в трехмерном представлении, как если бы они плавали в пространстве. Это создает бесконечное число различных образов. Одна маленькая девочка сказала, что буквы уползли со страницы и спрятались в ковре.

Правила не работают

Обучение учеников правилам орфографии — это процесс, который приносит только расстройство, потому что правила имеют очень много исключений. Например, в английском языке каждое шестое слово не подчиняется фонетическим правилам. Если вы учите правилам дислектика, прошедшего программу коррекции, его отметки за орфографию, фактически, могут снизиться. Это происходит потому, что, когда идет проверка орфографии, ее целью обычно является выяснить, знает ли человек исключения из правил. Если он строго следует правилам, проверка приведет к катастрофе.

Когда восприятие станет точным, улучшится и орфография. "Освоение символов" (главы 31 и 33) и "Чтение по буквам" (глава 32) — это лучшие открытые мною методы обучения дислектиков тому, как узнавать и читать по буквам слова, которыми им надо будет пользоваться при чтении и письме в каждодневной жизни.

Написанное слово не представляет собой ничего более, чем символ, состоящий из одного или нескольких символов алфавита. Соединенные вместе символы указывают на то, как слово выглядит (на бумаге), как оно звучит (когда кто-нибудь его произносит) и что оно означает. Орфография — это одна из составляющих, определяющая внешний вид слова. Когда слово осваивается с помощью метода «Освоение символов», человек выучивает все три части и может в полной мере использовать это слово, когда он читает, говорит и думает.

Насколько это важно?

В нашей системе образования существует навязчивая идея точной орфографии как на конкурсе на лучшее правописание. Так было не всегда. В Англии времен Елизаветы допускалось несколько вариантов правописания при условии, что при этом люди понимали, как должно звучать слово. С годами способы правописания существенно изменились, как вы это можете увидеть, посмотрев на оригинал Декларации независимости США. Как вы считаете, справился бы сегодня Томас Джефферсон на конкурсе на лучшее правописание?

Вместо того, чтобы превращать орфографию в

борьбу, лучше просто указать на разницу между словом, которое написал ученик, и правильным его написанием (или написаниями) в словаре. В конце концов, прошедший программу коррекции дислектик по мере чтения слов сам определится с тем, как их надо правильно писать. При наличии улучшения важно не критиковать ученика и не вызывать у него отрицательных эмоций из-за того, что он делает ошибки.

Если ученик продолжает делать орфографические ошибки, пытаясь писать слова так, как он их слышит, обвиняйте в этом нашу неточную фонетическую систему, а не ученика.

ГЛАВА 8: Проблемы с математикой

Не у всех дислектиков имеются проблемы с математикой. Когда же они есть, то это называется акалькулия или дискалькулия. Многие общие для дислектиков трудности с математикой являются результатом тех методов, которые применяются при попытках учить выполнять арифметические действия. Но у дислектика имеется лежащая в основе проблема, которая может сделать изучение математики трудным, если вообще возможным.

Причины акалькулии и дискалькулии можно непосредственно связать с искажениями ощущения времени, что является распространенным явлением среди детей с дислексией. Они возникают одновременно со зрительной и слуховой дезориентацией, а также с нарушениями ощущения равновесия и движения.

Часы, показывающие внутреннее ощущение времени

Каждый человек в той или иной степени испытывает искажения ощущения времени. Обычно это связано с эмоциональными состояниями скуки и возбуждения. Когда вам становится скучно, ваши внутренние часы начинают идти быстрее и создается впечатление, что время тянется. Когда вы приходите в состояние возбуждения, ход ваших внутренних часов замедляется и кажется, что время летит. Эти искажения очень незначительны по сравнению с теми, которые испытывает дислектик в периоды дезориентации. Если дислектик является по профессии танцором, спортсменом или пожарником, то его способность ощущать время в замедленном режиме может быть большим преимуществом. Вот почему некоторые танцоры и баскетболисты могут двигаться так, что создается впечатление, будто они «парят в пространстве».

Я думаю, что теоретически, с точки зрения биохимических процессов, ощущение времени у человека в основном управляется количеством дофамина в нейромедиаторах вокруг синапсов головного мозга. Чем больше количество дофамина, тем быстрее идут внутренние часы. Чем быстрее они идут, тем больше кажущееся замедление астрономического времени. Чем меньше дофамина, тем медленнее идут часы. Возникает ощущение, что ход астрономического времени ускоряется. Складывается впечатление, что проявления дезориентации вызывает изменение количества дофамина, которое вырабатывается и распределяется в мозгу.

Дезориентация — это постоянный умственный спутник детей с дислексией. На протяжении всех детских лет искаженное восприятие для них также обычно как и реальное восприятие. По этой причине у большинства детей с дислексией ощущение времени развито плохо. У обычных детей ощущение времени скорее имеет последовательный характер. К семилетнему возрасту они могут определять течение времени достаточно точно. У дислектика же никогда не было последовательного ощущения времени, так что для него может быть невозможным определить его ход.

Без наличия внутреннего ощущения времени понимание концепции последовательность — то, как вещи следуют друг за другом, одна после другой, — было бы трудным, если вообще возможным. Даже простой счет — это вопрос последовательности. Так что у семилетнего дислектика тоже может отсутствовать эта внутренняя концепция.

Проблемы с математикой

Без наличия концепций времени и последовательности четкое понимание концепции «порядок, как противоположность беспорядку» ставится под сомнение.

Основные положения математики

Вся математика: от простой арифметики до астрономических исчислений, состоит из порядка (как противоположности беспорядку), последовательности и времени. Дети, у которых есть внутреннее ощущение этих трех концепций, могут учить и понимать математику. Для детей, которые не обладают данными концепциями, изучение математики сводится к запоминанию. Степень, до которой они смогут применять математику, ограничивается их способностью запоминать механически выполняемые действия. Без понимания этих базовых концепций никогда не будет настоящего понимания предмета или его принципов.

Для того, чтобы дислектик мог изучать математику, ему необходимо освоить следующие основные положения:

1. *Время*, что означает измерение изменений относительно стандарта.

2. *Последовательность*, что означает способ, согласно которому вещи следуют друг за другом,

одна после другой, по количеству, размеру, времени или по важности.

3. *Порядок*, что означает нахождение вещей на их надлежащих местах, в их надлежащих положениях и в их надлежащих состояниях.

Как только эти концепции будут освоены, можно освоить правильный счет. Тогда изучение арифметики может превратиться из тяжелой работы в радость.

Интересное попутное замечание — математика и музыка состоят из одних и тех же трех элементов: порядка, последовательности и времени. Они просто выражаются разными средствами. Поэтому не должно вызывать удивление то, что многие великие математики являются также прекрасными музыкантами и наоборот.

ГЛАВА 9: Проблемы с почерком

Когда у дислектика есть проблема с почерком, это обычно диагностируется как аграфия или дисграфия. Она связана с дезориентацией. Для проблемы с почерком есть несколько причин. Иногда плохой почерк используется для того, чтобы скрыть затруднения в орфографии или другие недостатки. Иногда это происходит просто потому, что объяснения способов написания букв давались тогда, когда дислектик находился в состоянии дезориентации.

Многочисленные мысленные образы

Наиболее распространенный вид проблемы с почерком возникает в том случае, когда люди с дислексией получили настолько много объяснений по поводу того, как должно выглядеть написанное, что у них сформировалось большое число мысленных образов слов и букв, которые в результате накладываются друг на друга. Ручкой или карандашом они могут проводить только по одной линии, по очереди, и то, что они пишут, представляет собой комбинацию всех этих образов, которые обычно переключаются с одного на другой. Результатом является беспорядочное нагромождение линий, которые качаются и прыгают по всей странице.

Решение заключается в том, что необходимо избавиться от всех старых мысленных образов. Как только эти образы исчезают, человек видит один четкий мысленный образ того, как должно выглядеть написанное. В таких случаях наличие у дислектика ярких мысленных образов является благоприятным моментом. Излишние мысленные образы легко устранить, выполняя простой порядок действий, заключающийся в том, что человек представляет в своем воображении эти многочисленные образы и по очереди стирает их.

Бездействующие нейронные пути

Самый худший тип проблемы с написанием букв является самым сложным для объяснения из-за биофизических процессов, лежащих в основе принципов работы мозга при обработке раздражителей и выработке определенной функции.

Представьте себе мозг в виде большой рыбацкой сети. Она состоит из пересекающихся вертикальных и горизонтальных веревок и в каждой точке их пересечения есть узел. В такой модели веревками были бы аксоны нейронов, а узлами — синапсы. Ведя глазами по веревкам, вы можете переходить от любого узла в сети к любому другому ее узлу. Так по теории каждый синапс мозга связан с каждым следующим синапсом.

Добавьте к этому образу еще то, что сеть разделена на несколько сотен различных участков и каждый участок предоставляет всей системе определенный вид обслуживания. Есть участки, отвечающие за зрение, за слух, за изгибание пальцев и т. д. — за все, что человек может воспринимать и делать.

Когда перцептивные раздражители попадают в сеть, стимулируется первый узел. Оттуда сигнал обрабатывается посредством посылки других раздражителей по иным веревкам к следующим узлам и т. д., пока первоначальный раздражитель не дойдет до всех узлов, до которых он должен дойти. Существует бесчисленное количество различных путей, по которым может пройти этот раздражитель, но если он использует какой-то конкретный путь, то этот путь усиливается. Чем он сильнее, тем больше он используется. Кроме того, есть определенные пути, которые никогда не стимулируются, поэтому они остаются слабыми и неиспользуемыми.

Учтите, что эти пути — нейронные пути, и как составляющая единица, они образуют нервную сеть. Теперь задумайтесь над тем, что вследствие искаженных восприятий дислектика (дезориентации) нейронный путь, отвечающий за видение прямых диагональных линий, никогда не стимулировался. Этот человек просто не смог бы видеть прямые диагональные линии.

Это не говорит о том, что его глаза не смогли бы правильно отследить изображение. Проблема в том, что мозг не смог бы обработать изображения диагональных линий. Нейронные пути для обработки раздражителей никогда не использовались. Кроме того, поскольку мозг никогда не мог видеть прямую диагональную линию, он не может дать указание руке провести такую линию, так как предназначенный для этого нейронный путь никогда не использовался. Поскольку ребенок с дисграфией должен при письме проводить прямые диагональные линии, но он никогда их не видел, он будет проводить такие линии, какие он видел. Искаженное восприятие, сформированное тогда, когда он смотрел на прямые диагональные линии, будет моделью ответа на команду «проведи линию», которую даст руке нейронный путь.

Это упрощенная модель, но принцип ее точен. Я работал со многими дислектиками, которые просто не могли видеть диагональные линии. Используя пластилин, они не могли сформировать буквы с диагональными линиями, например A, M, N, W, V и X (подобно русским буквам А, И, Ж, К, Л, М, У, Х и Я). Обычно с W (подобно русской Ж) сложнее всего. Эти люди не могут понять, как соединить вместе четыре прямых кусочка пластилина, чтобы создать конфигурацию, выглядевшую как W (Ж).

Иногда, когда мамы или учителя смотрят, как я работаю с таким учеником, они впадают в отчаяние, потому что создается впечатление, что ученик не сможет сделать такие конфигурации. Я не отчаиваюсь, потому что знаю, что происходит на самом деле.

Я знаю, что как только ученик будет приведен в состояние ориентации, можно начать стимулировать нейронные пути, предназначенные для того, чтобы он увидел прямые диагональные линии. Они больше не заблокированы в результате наличия искажений. Я также знаю, что при каждой попытке соединить кусочки пластилина ученик открывает новые, не используемые ранее нейронные пути. Обычно на открытие нейронного пути требуется менее часа, и ученик создает диагональную линию. После того как нейронный путь открыт, он становится все сильнее и сильнее. Как правило, через день или два ученик может видеть все прямые диагональные линии в окружающей его обстановке, которые до этого были для него невидимыми или искаженными.

Для примера я взял прямые диагональные линии. В реальной жизни все не сводится только к этому. Тоже самое может произойти с любым числом зрительных раздражителей. Это исправляется путем предоставления раздражителей человеку, когда он находится в правильно сориентированном состоянии, после чего он должен создать недостающую информацию, применив методику «Освоение символов».

Проблемы с почерком

14 мая

> "See what I did?" (Said) Andy.
> I ask you: is that a drawing
> you do? it is (Sade) Bety
> when she saw it.
> Yes it is (Sade) Joe.
> It has a lot in it
> ☺ come on

16 мая

> Agenst the background I can tell
> you the absolutly the ~~bes~~ best
> flit I ever made never left
> inside a brick bilding at
> Kennedy ~~Arport~~ Airport
> it was in TWAS 747 simulator.

17 мая

> I'm going to go all over. First I'm
> going to Saint Louis for my family
> reunion on my moms side. Then I'm
> going to a meat camp up in Mendocino
> called Camp Winarainbow. After that
> I might go Idaho to visit my
> uncle.

Образцы написания текста одиннадцатилетним мальчиком с аграфией при прохождении им «Программы коррекции дислексии по системе Дейвиса».

«Как вы это сделали?»

Нас часто спрашивают, каким образом почерк 11-летнего мальчика, как показано на этих примерах, мог так измениться всего за четыре дня.

У этого мальчика был IQ гениального человека. В возрасте 11 лет он читал энциклопедию ради удовольствия и диктовал маме целые пьесы и короткие романы. Но каждый раз, когда он пытался писать, то ломал грифель карандаша, написав всего несколько слов. Его основной задачей было преодолеть свою аграфию и научиться писать письменными буквами.

Причиной, лежащей в основе его аграфии, являлась комбинация сильной зрительной и двигательной дезориентации, наличие многочисленных мысленных образов того, как должны выглядеть написанные слова, и неразвитые нейронные пути, предназначенные для того, чтобы видеть определенные типы линий или их расположение.

Первым шагом в коррекции его аграфии была методика «Предоставление рекомендаций по контролю за ориентацией». Затем он прошел обучение по методикам «Освоение алфавита» и «Освоение знаков препинания» (описано в главе 31).

В качестве следующего шага на пути преодоления проблем с почерком ему был дан образец каждой буквы и его попросили скопировать его. Те буквы, которые он не мог писать, требовали выполнения движений, запускающих у него дезориентацию. После того, как эти движения были выявлены, каждое из них отрабатывалось по очереди: сначала в воздухе, потом в очень больших размерах на бумаге; до тех пор, пока они не перестали запускать дезориентацию. Затруднения вызывали петли и изменения направления, связанные с рукописным написанием букв.

Коррекция того, как он держал карандаш, осуществлялась путем рисования знаков широкими движениями маркером на большом листе бумаги. Размеры постепенно уменьшали до тех пор, пока он не смог пользоваться карандашом или ручкой и ставить на бумаге небольшие знаки и писать каракули.

В конце концов он стал упражняться в написании слова. После каждой попытки ему задавался вопрос, были ли у него какие-либо мысленные образы того, как должно выглядеть это слово, и его просили стирать все эти образы. Эти действия повторялись до тех пор, пока у него уже больше не было образа того, как «должно» выглядеть слово и остался только один образ. Эта последовательность действий повторялась для многих слов и проводилась до того момента, пока он спонтанно не стер все его прошлые образы того, «как должны выглядеть слова». После этого, ознакомившись с простыми правилами каллиграфии, он быстро научился писать.

ГЛАВА 10: Фокусировка внимания — СДВГ

Главное, что является новым относительно слов синдром дефицита внимания и гиперактивности, или СДВГ, — это применение этих слов для определения неспособности к обучению. Эта проблема существует с тех пор, как учителя попытались учить учеников предметам, которые не были им интересны. В большинстве случаев это следует называть не неспособностью к обучению, а неспособностью к преподаванию.

Существует действительное нарушение состояния здоровья, называемое СДВГ, которое мешает человеку удерживать внимание. Если бы это на самом деле было проблемой, оно наверняка бы отрицательно сказывалось на успехах в школе.

Родителям ребенка, которых заставляют давать ему лекарство, я рекомендую пойти в библиотеку и посмотреть, как описывается это состояние в *Справочнике Мерка* либо в *DSM-5*, стандартных диагностических руководствах, которыми пользуются врачи. Посмотрите, действительно ли там дается описание состояния вашего ребенка.

В настоящее время многие ученики, которые не могут удерживать постоянное внимание на задании в течение длительного периода времени, диагностируются как таковые с СДВГ. О них говорится, что они «легко отвлекаемые». Они переносят свое внимание на другие явления в окружающей их обстановке вместо того, чтобы сосредоточится на том задании, которое дал учитель.

Иногда проблема дефицита внимания сопровождается вторым состоянием, называемом гиперактивность. Оба состояния уходят своими корнями в отличия в развитии, наблюдаемые в раннем детстве у детей с дислексией.

Разные способы обучения

«Нормальные» дети приносят в класс лежащую в основе характерную особенность, которой нет у детей с дислексией. Ребенок, не являющийся дислектиком, начинает развивать у себя способность концентрироваться уже до того, как он пошел в школу. Ребенок с дислексией, вероятно, не начнет развивать эту сомнительную способность до достижения примерно девяти лет, то есть приблизительно в третьем классе.

Дети с дислексией могут получить доступ к их умственной функции искаженного восприятия и использовать ее, чтобы уметь распознавать предметы и события в окружающей их обстановке. Это является их естественной нормальной реакцией на ощущение замешательства. Когда они используют функцию искаженного восприятия, то могут распознавать предметы и события, и ощущение замешательства исчезает. Вследствие этого, для большинства детей с дислексией ощущение замешательства не является очень привычным. Когда это происходит, оно почти мгновенно устраняется.

Другие дошкольники проходят через периоды продленного состояния замешательства только потому, что они неспособны устранить его.

Ощущение замешательства обращает все больше и больше внимания на источник замешательства. Конечным результатом продленного состояния замешательства является концентрация — просто потому, что большая часть внимания ребенка сосредотачивается на том, что вызвало замешательство. Дети, у которых нет способа быстрого устранения замешательства, вырабатывают способность концентрироваться. Дети с дислексией не развивают этой способности в раннем возрасте, потому что раздражители, способствующие ее развитию, можно так быстро и легко устранить.

Внимание как противоположность концентрации

Дети с дислексией фокусируют внимание естественно и легко, но сконцентрироваться им трудно. Между этими двумя понятиями существует огромная разница. Когда люди обращают на что-то внимание, их сознание рассеивается; оно может охватывать всю имеющуюся в данный момент окружающую обстановку. Когда люди концентрируются, все или почти все их внимание сосредотачивается только на чем-то одном в имеющемся окружении на данный момент времени.

По моему мнению сильная концентрация приводит к поверхностному, механическому типу обучения, который характеризуется запоминанием без полного понимания. Дети, которые обучаются таким образом, могут пройти механизм, но полностью не постигнут концепции, лежащие в основе изучаемых предметов.

Когда ребенок смотрит телевизор или играет с игрушками, то, чем более интересен ему этот вид деятельности или чем более любопытства он у него вызывает, тем больше внимания этому уделяет ребенок. Но все-таки еще остается какая-то доля внимания остальному окружению. Иными словами, ребенок обращает больше внимания на что-то одно, но все-таки не оставляет без внимания или не исключает остальную часть окружающей его обстановки. Это утверждение справедливо как для обычных детей, так и для дислектиков, но у ребенка с дислексией внимание на окружение будет рассеяно более широко, чем у обычного ребенка.

Любопытство

Так как дети с дислексией обычно имеют высокий уровень осознания окружающей обстановки, они склонны к любопытству. Любопытство больше, чем что-либо другое может заставить их перенести свое внимание. Если они находят объект любопытства интересным, то будут уделять ему больше внимания, чем чему-то другому в окружающей их обстановке. Они автоматически выделяют большую часть внимания тому, что бы это ни было, что считают наиболее интересным.

Если ребенок с дислексией, сидящий в классе, слышит шум на улице или если что-то двигается за окнами, или если ученик в соседнем ряду что-то роняет, внимание дислектика немедленно переносится на это отвлекающее явление. Другие ученики и, возможно, учитель, даже не осознали, что что-то происходило. Но ученик с дислексией отреагировал естественным образом, потому что он заметил это и у него возникло чувство любопытства по поводу того, что это могло быть.

Скука также играет роль, потому что скука часто приходит к тому человеку, чей мозг работает со скоростью в диапазоне примерно от четырехсот до двух тысяч раз быстрее, чем мозг окружающих его людей. Ребенок с дислексией, которому скучно, будет делать одно из двух: либо дезориентируется в творческое воображение (грезы), либо перенесет свое внимание на нечто, что является интересным (отвлекаемость или невнимательность).

Импульсивный аспект СДВГ является наиболее превалирующим, когда ученик находится в состоянии замешательства или у него нет уверенности относительно того, что надо делать. Или же это обычно просто попытка преодолеть агонизирующую скуку.

Все большее признание получает тот факт, что симптомы СДВГ, как и симптомы дислексии, могут быть преимуществом во многих ситуациях реальной жизни. Потенциальные преимущества этого явления были исследованы в ряде работ по данному предмету. Некоторые из них указаны в конце этой книги в разделе «Рекомендуемая для чтения литература».

Строго регламентированный учебный процесс, реализуемый в школе, не имеет ничего общего с ситуациями реальной жизни.

Если учитель своей работой не вызывает любопытства ученика и если он не может сделать предмет, который преподает, самым интересным явлением в окружении ученика, то он создает идеальные условия для СДВГ. В конечном итоге такой учитель скажет родителям ребенка с дислексией, что ребенок не может сосредоточиться на выполнении задания, что он легко отвлекается и что его необходимо обследовать.

Гиперактивность

Когда в СДВГ преобладает гиперактивность, то это создает в классе еще большую проблему, так что ребенок, вероятнее всего, будет отправлен на диагностирование и лечение, обычно Риталином, Аддераллом, Страттерой или другими медикаментами. Между тем, гиперактивность — это просто добавление учеником физического движения.

Часто на дислектичных детей навешивают ярлык *гипер* вследствие наличия физических последствий дезориентации. Большинству учеников просто становится скучно, и они борются с тем, чтобы не уснуть, когда им становится неинтересно, или они оказываются в состоянии замешательства. Дислектики также переходят в состояние дезориентации.

Механизм гиперактивности легко понять, если его рассматривать со следующей точки зрения. Сначала ученика не интересует то, что происходит, и он не понимает того, что говорит учитель. Возникающее в результате состояние скуки и замешательства приводит в действие ту функцию мозга, которая выполняет изменение восприятия, и ученик дезориентируется. В то время как ученик находится в состоянии скуки, замешательства и поэтому становится дезориентированным, ход его внутренних часов ускоряется так, что создается впечатление, что воспринимаемое астрономическое время замедляет свой ход. За каждую минуту фактического времени этот ученик должен прожить две минуты, пытаясь не попасть в проблематичную ситуацию, удержать внимание, сконцентрироваться или усидеть спокойно на месте.

Ощущения ученика искажены, включая ощущения равновесия и движения. Эти ощущения равновесия и движения отмечаются только двумя способами: вы неподвижны, либо двигаетесь; вы находитесь в состоянии равновесия или не находитесь в состоянии равновесия. Если ученик сидит, не двигаясь, когда начинаются искажения, у него появится ощущение движения. Если ученик сидит, не двигаясь, достаточно длительный период времени, у него начнется болезнь движения и его укачивает. Если ученик начинает двигаться, ощущения меняются на противоположные и он будет чувствовать себя так, как будто сидит неподвижно. Вот почему ученик начал перемещаться: чтобы компенсировать ощущение укачивания и уйти от состояния дискомфорта в желудке или предотвратить рвоту. Возможно, поэтому стимулянт Риталин работает в обратную сторону и складывается впечатление, что он замедляет «гиперактивных» школьников.

Так как восприятия ученика искажены и выходящее за установленные рамки поведение является продуктом этих искаженных восприятий, каждый раз, когда ему говорят сидеть спокойно, движение будет нарастать. Это происходит потому, что ощущения равновесия и движения переворачиваются. Если бы ученик научился тому, как достигать состояния ориентации, функцию мозга по искажению восприятий можно было бы выключить. Ученик смог бы правильно воспринимать окружение. Необходимость в движении для компенсации искаженного восприятия равновесия и движения исчезла бы.

Если ученик освоит ориентацию, это остановит симптомы дезориентации, но не заставит его заинтересоваться предметом, который преподается плохо. Это интересно, но складывается впечатление, что одни и те же ученики на занятиях у хорошего учителя не проявляют признаков СДВГ, в противоположность занятиям у других учителей.

ГЛАВА 11: Неуклюжесть

Некоторые дислектики страдают определенным типом хронической неуклюжести, который называется диспраксией. Диспраксия не всегда ассоциируется с дислексией, потому что она не оказывает прямого воздействия на чтение, письмо, орфографию или математику Она чаще всего считается слуховым дефицитом.

Похоже, что выражение «Он не может идти и жевать резинку одновременно» было придумано для того, чтобы описать человека с очень сильными проявлениями диспраксии. «Человек, с которым вечно что-то случается» — вот другое распространенное определение диспраксии в нашей культуре. Одна мама сказала мне, что ее сын *так и не вырос из этого периода неуклюжести*. Неуклюжесть

Реальное решение

— не единственная характеристика диспраксии. Часто люди с диспраксией не смотрят прямо на вас, когда говорят с вами. У некоторых будет «блуждающий глаз», когда один из глаз «отваливается» и кажется, что смотрит в другом направлении. Часто, когда они читают, то держат книгу косо, поэтому читают вверх и вниз, а не из стороны в сторону. Если это так, тоже самое произойдет, когда они пишут. Почерк почти всегда зверский. Если мы будем считать искаженное восприятие корнем проблемы, то диспраксия имеет смысл.

Похоже, что в основе диспраксии могут лежать две причины. Во-первых, нарушение равновесия и движения могут быть искажены вследствие дезориентации. Это очевидно, потому что дезориентация может вызвать ощущение головокружения. Тем не менее, искажение восприятия может возникнуть даже тогда, когда человек не находится в состоянии дезориентации, потому что его естественная ориентация не особо хороша. Даже когда восприятие перестает искажаться и на какое-то время становится последовательным, оно не точное.

Чтобы лучше это понять, рассмотрим две основные характеристики оптимальной ориентации: *последовательное восприятие* и *точное восприятие*. Если у нас есть последовательное восприятие, даже если оно не является точным, то мы можем научиться читать, писать, выучить правила орфографии и выполнять арифметические действия. Большинство людей, у которых нет дислексии, имеют последовательное восприятие вследствие их стабильной ориентации, тогда как у дислектиков этого нет.

Что касается всех органов восприятия, за исключением ощущения равновесия и движения, некоторая степень их неточности не окажет значительного влияния на способность человека читать, слушать, говорить или писать. Человек, который не различает звуковых тонов, не сможет хорошо петь, но для него не возникнет проблем поддерживать беседу. Человек, который не различает цветов, не сможет нарисовать реалистичную картину, но он легко может прочесть статью в газете.

Тем не менее искажения в ощущении равновесия и движения всегда вызовут какую-то степень неуклюжести. Основным источником наших ощущений равновесия и движения являются *вестибулярные* органы во внутреннем ухе. У них имеются крошечные волоски «рецепторы движения» в наполненных жидкостью камерах, которые работают по такому же принципу, что и уровень, которым пользуется плотник. Представьте, что вы вешаете на стену несколько картин, не отрегулировав должным образом их уровень. В результате ваша стена будет заполнена криво висящими картинами.

Ощущение равновесия и движения регулируются земным притяжением и окружающей обстановкой. Для нескорректированных дислектиков с диспраксией, даже когда они не находятся в состоянии дезориентации, естественная ориентация, которую они ощущают, не предоставляет им точного вестибулярного восприятия. Любое искажение, даже если оно последовательно, даст человеку неверное ощущение физического окружения и станет очевидным в его моторике.

Диспраксия имеет смысл потому, что если ощущение равновесия и движения являются либо временно искаженными, либо их неправильность является характерной особенностью человека, то мы бы ожидали увидеть неловкое или неуклюжее поведение.

Время от времени все дислектики будут ощущать некоторую степень диспраксии вследствие наличия дезориентации. Она проявляется как хроническое состояние только примерно у 10% — 15% детей с дислексией. Как и другие аспекты дислексии, она имеет разные степени проявления.

Хроническая неуклюжесть, вызванная неточным восприятием, устраняется при применении процедур методов «Ориентация» и «Точная настройка». Единичные проявления неуклюжести, вызванные дезориентацией, будут исправляться постепенно, по мере разрешения самой дислексии через обретение навыков освоения символов языка. Аспект слухового дефицита у диспраксии будет разрешаться с течением времени по мере того, как ориентация будет становиться стабильной.

ГЛАВА 12: Реальное решение

Что нужно каждому дислектику — это способность думать символами и словами, которые запускают дезориентацию. Они уже являются частью разговорного словарного запаса дислектика, но при этом он скорее всего не сможет дать определения таким словам, если его попросить, и у него нет мысленных образов значений этих слов.

Пока человек не получит полного понимания слов-пускателей и не сможет использовать их в своем мыслительном процессе, любые процессы коррекции могут способствовать усугублению проблемы, а не ее устранению.

Ситуация может показаться безвыходной. Дислектикам нужно научиться думать именно теми словами, которые вызывают дезориентацию.

Столкновения с данными словами заставят их искажать информацию, которую они будут пытаться выучить. Если же мы даем определение слова, то уже разрушаем цель, потому что все, что дислектик слышит или читает, находясь в состоянии дезориентации, является измененным и неправильным. Это похоже на то, как если бы мы попросили его пройти через огонь и не обжечься.

Этот тупик похож на замкнутую цепь или безвыходную ситуацию. Действие, которое должно решить проблему, создает проблему.

Консультация для ориентации

Выходом из данной тупиковой ситуации является предоставление дислектику метода контроля за дезориентацией, возникающей тогда, когда он сталкивается со словами-пускателями. Существуют две разные процедуры, которые могут прекратить состояние дезориентации: «Выравнивание по Дейвису» и «Консультация для ориентации по Дейвису». «Выравнивание» представляет собой простой тактильный/кинестетический процесс, а процедура «Консультация для ориентации» — это визуальный процесс. Обе процедуры учат дислектика методике прекращения или отключения дезориентации. Как только человек научится устранять многократные образы восприятия, он способен фиксировать постоянную, неискаженную точку обзора каждый раз, когда пожелает. После освоения одного из данных методов, он будет легко применим в любом месте и в любое время и это займет не более секунды. Указанные консультационные процедуры описываются в главах 27 и 30.

Результатом ориентации является точное сообразное восприятие окружающей обстановки, включая двухмерные слова, напечатанные на странице. Когда дислектик находится в состоянии ориентации, слова на странице воспринимаются правильно, без искажений, и человек может получать точную информацию.

Если дислектик может определять состояние дезориентации и сознательно, по своему желанию, создавать состояние ориентации, то дезориентацию можно выключать каждый раз, когда она возникает. В таком случае человек может получать информацию, необходимую ему для обучения. Даже если встречаются пускатели дезориентации и дезориентация возникает, ее можно быстро скорректировать и она больше не будет мешать правильному восприятию и обучению.

Симптомы дислексии являются проявлениями дезориентации и устранение дезориентации убирает также и ее симптомы. Как только дислектики начинают прибегать к этому простому процессу, их навыки чтения существенно улучшаются. У них еще могут оставаться проблемы с незнакомыми словами, но, по крайней мере, они смогут опознавать те слова, которые уже выучили.

Может показаться, что проблема решается просто контролированием дезориентации, но еще совсем ничего не было сделано по поводу реальной проблемы. Фактически добавилась новая проблема: постоянная проверка состояния ориентации человека и выполнение корректирующих действий для прекращения дезориентации.

Освоение символов

Дислектикам нужно научиться думать невербальным образом с помощью слов-пускателей. Как только они будут это делать, необходимость сознательного контроля за дезориентацией отпадет. Именно неспособность думать с помощью слов-пускателей вызывала дезориентацию, возникающую прежде других симптомов. Способность думать с помощью слов-пускателей устранит дезориентацию.

Для преподавателей это создает новый ряд проблем. Традиционные методы обучения, применяемые в системе образования, по крайней мере на Западе, не совсем подходят к мыслительному процессу людей, думающих невербальным образом. Даже если дислектик прочтет в словаре определения таких слов, как, например, «в», «и», «это», и даже будет сохранять при этом ориентацию, то это не позволит ему мыслить словами. Определения только прочитываются, как поется алфавитная песенка, но значения слов в полной мере не воспринимаются.

Дислектикам необходимо создавать мысленные изображения, которые они могут использовать, чтобы думать с их помощью и ассоциировать эти изображения визуальным и слуховым образом со словами, которые они пытаются выучить.

Казалось бы логичным предоставить дислектику изображение для описания значения слова, но и это не даст ощутимого результата, так как потребует огромного количества повторений. Скорее всего вам придется демонстрировать изображение тысячи раз, прежде чем дислектик сможет встроить его как элемент своего мыслительного процесса. Обычно для дислектиков механическое повторение является исключительно скучным процессом, и они скорее будут дезориентироваться в своих собственных мыслях и грезить, чем обращать внимание на такой вид упражнения.

И снова создается впечатление тупиковой

ситуации. Традиционные методы обучения не могут справиться с таким положением вещей. Они только приводят ученика в состояние фрустрации.

Создание концепции

Процесс обучения оставил в стороне элемент, важный для людей, которые мыслят невербальным образом, — творческие способности. Творчество и обучение являются если не идентичными, то настолько тесно связанными друг с другом процессами, что их нельзя отделить друг от друга. Если есть что-то, чем дислектикам нравится заниматься, так это их творческие способности.

С моей точки зрения учеба должна быть развлечением. Создается впечатление, что люди учатся легче, усерднее и быстрее, если предмет интересен и доставляет удовольствие. Поскольку мы люди, то нам нравится делать то, что нам приятно, и создается впечатление, что мы обладаем естественной способностью это запоминать.

Как я наконец выучил алфавит

Когда я был ребенком, у меня была проблема, называемая аутизмом. Это все равно, что супердислексия, только с более сильными проявлениями дезориентации, запускаемыми слуховыми стимулами. В возрасте двенадцати лет я еще не знал алфавит. Даже алфавитная песенка не позволяла мне пойти дальше буквы «G».

Алфавит был написан на полосе бумаги, прикрепленной над доской в школьном классе, но я не мог удержать буквы в ровном положении. Они всегда казались перевернутыми вверх ногами, представленными в зеркальном изображении или появляющимися в каком-то другом месте.

Одна из вещей, которые я умел делать, — это лепить из глинистой грязи очень точные модели чего-нибудь. Я доставал эту грязь из небольшой ямы во дворе. Однажды я слепил из глиняных колбасок буквы «D», «F» и «O» и оставил их сохнуть на земле. На следующий день буквы «D», «F» и «O» над доской в классе стояли неподвижно и на своих должных местах. Когда я пришел домой и пошел проверить буквы, то оказалось, что я сделал только одну ошибку: я положил букву «F» в перевернутом виде. Это было легко исправить, перевернув ее в противоположное положение.

В этот день я запомнил, как выглядят еще нескольких букв, так что я продолжал лепить их из глины. Каждый день я добавлял по две буквы, пока не слепил все двадцать шесть, а затем расположил их в том порядке, в котором они были над классной доской. И когда я это сделал, я знал, как выглядят все заглавные буквы, а также правильную последовательность их расположения.

> Этот опыт помог мне разработать методику «Освоение символов по системе Дейвиса».

Если мы хотим, чтобы дислектик думал с помощью значения слова-пускателя, то дислектику нужно разрешить *создавать* личный мысленный образ, который точно показывает значение. Показать ему фотографию, демонстрирующую значение слова-пускателя, может быть лучше, чем сказать определение, но пока дислектик не создаст образ сам, мало чего можно будет достичь.

Методика «Освоение символов по системе Дейвиса» заключается в том, что человек создает значение слова или символа в виде трехмерного изображения. Ученик делает из пластилина модель, которая иллюстрирует значение слова или символа, сопровождаемое пластилиновым изображением самого слова. Для абстрактных слов, например, таких, как артикли и предлоги, пластилиновые модели принимают форму сценариев, демонстрирующих данную концепцию или взаимосвязи. Затем человек произносит слово вслух и составляет с ним предложения. Создавая концептуальный образ на столе с помощью пластилиновой модели и воспроизводя звучание слова, человек обретает способность думать с помощью этого слова или символа, как при вербальном, так и при невербальном процессе мышления. Процедуры методики «Освоение символов по системе Дейвиса» подробно описаны в главах 31 и 33.

Как только все слова, стимулирующие дезориентацию, будут освоены по методике «Освоение символов», у дислектика больше не будет неспособности к обучению. Основные причины неспособности ликвидированы, так что компульсивные решения больше не запускаются. Типы поведения, связанные со «старыми решениями», некоторое время будут продолжать наблюдаться, но со временем дислектик поймет на своем опыте возможность более легкого вида деятельности. Старое решение будет отброшено, а принято будет то, которое срабатывает лучше. Новое решение не будет компульсивным, как это было в случае со старым решением, потому что оно принимается сознательным образом при полном понимании. В таком случае можно было бы с уверенностью сказать, что дислексия человека скорректирована.

ЧАСТЬ ВТОРАЯ

Маленький потенциальный дислектик (ПД)

Эволюционная теория дислексии

«Каждый раз, когда мы учим ребенка чему-нибудь, мы лишаем его возможности изобрести это самостоятельно».

Жан Пиаже

ГЛАВА 13: Откуда берется дислексия

Очевидно, что некоторые люди рождаются с таким генетическим кодом, который позволяет им использовать часть их головного мозга, которая изменяет и создает восприятия. Сам факт рождения с таким генетическим кодом не дает им дислексию, он только создает возможность для ее развития. Данная теория объясняет, почему создается впечатление, что дислексия идет по семейным линиям и почему многие специалисты считают ее наследственным явлением.

Развитие дислексии включает в себя некоторые достаточно сложные этапы и определение временного момента должно быть точным. Фактически развитие Дислексии настолько сложный процесс, что ее возникновение можно считать чудом.

Раннее начало

Дислектик не начинает развивать у себя дислексию в третьем или первом классе или даже в детском саду. Процесс начинается задолго до этого. Дислектик начинает использовать особый талант, который приводит к дислексии, возможно, уже с трех месяцев.

Вероятно, именно в возрасте от трех до шести месяцев диалектики начинают развивать свои особые способности, навыки и проявления неполноценности. Я думаю, что если младенец начинает использовать функцию мозга, которая вызывает искажения, до трех месяцев, то последующие проблемы будут значительно более серьезными, чем дислексия. Это может привести к такому искажению восприятия, что человек будет не в состоянии нормально ассимилироваться в окружающем его мире. Скорее всего, его назовут *аутистом* или навесят ярлык *ЗПР*.

Потенциальный дислектик в младенчестве

Психологи говорят, что трехмесячный младенец только начинает узнавать черты лица. Это означает, что младенец может фокусировать глаза и контролировать сведение двух мысленных образов, создаваемых им; в противном случае он даже не смог бы увидеть лицо. Хотя трехмесячный ребенок может видеть, он еще не научился управлять мышцами шеи так, чтобы смотреть в определенном направлении. Ребенок просто видит то, что попадает в его поле зрения.

Давайте создадим сценарий потенциального дислектика — сокращенно ПД. Пусть у нас будет маленький трехмесячный ПД, и мы положим его в кроватку. Находясь в таком положении, все, что может видеть маленький ПД — это край комода с ящиками и чей-то локоть, торчащий из-за края.

Если маленькому ПД удалось запустить клетки мозга, которые изменяют его восприятие, то он больше не видит того, что видят его глаза; он будет видеть что-то другое. В этот момент, если ПД интересно, кому принадлежит локоть, то ему было бы очень легко просто добавить к локтю другие черты и увидеть лицо человека. Когда он увидит лицо, то может узнать, тот ли это человек, который его кормит.

Мы не понимаем в полной мере того, что только что сделал маленький ПД. Создается впечатление чего-то сверхъестественного, но только потому, что мы не понимаем в полной мере природы интуитивной мысли. Возможно, это была подсознательная мысленная ассоциация между рукой, которую только что видел ПД, и его мысленным образом лица, которое ему уже знакомо.

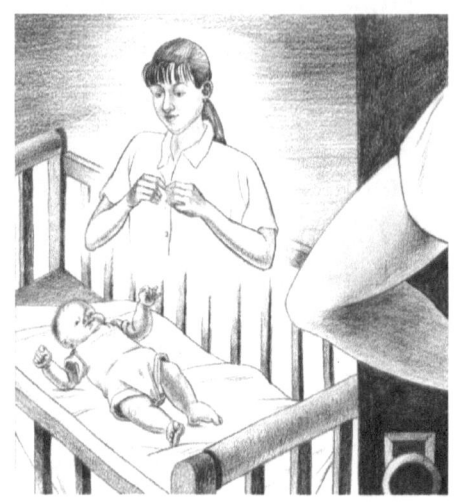

Когда маленький ПД дезориентирует свое восприятие, мелькание локтя его матери дает ему ее полный мысленный образ. Однажды использовав успешно эту свою способность, он продолжает использовать ее для изучения окружающей обстановки снова и снова.

Каким бы образом это ни произошло, маленький ПД фактически видел лицо в своем мозгу, такое же реальное, как то, которое он бы видел собственными глазами, и узнал его как лицо своей матери.

Создается впечатление, что этот умственный талант, который ПД использует для узнавания объекта, никогда не допускает ошибки. Его «самосозданное» восприятие всегда кажется точными относительно того, чем или кем является объект.

Конечно, есть иной способ узнать другого человека, увидев только его локоть: посредством аналитических рассуждений и логики. У ПД еще нет таких навыков сознания. Дети не начинают их вырабатывать, пока не достигнут возраста примерно трех лет. ПД ни о чем не думал и не реализовывал процесс устранения, он просто использовал дезориентацию.

Итак, вот маленький трехмесячный ПД, распознающий в окружающей его обстановке такие вещи, которые он не должен уметь распознавать еще три года. Эта способность, которой он обладает для распознавания реальных объектов в окружающей его обстановке, повлияет на остальное его развитие в раннем детстве.

Другие навыки, которые имеются у маленького ПД в раннем детстве, могут развиваться быстрее обычного, или их развитие может задерживаться. Вероятно, у него будут некоторые области ускоренного развития и некоторые области замедленного развития, но оба эти явления будут произрастать из одной причины: его способности мысленно заканчивать фрагментарные восприятия.

Зрительный буфер

Др. Стивен Косслин, психолог Гарвардского университета, говорит, что в зрительном центре мозга содержится «зрительный буфер», в котором изображения воспринимаются и посылаются для обработки в верхние концептуальные центры мозга. Противоположное явление также возникает в том случае, когда мысли и сохраняемые в памяти зрительные образы посылаются обратно в зрительный буфер. Там они воспринимаются как зрительные образы в целях распознавания с помощью того, что также называется «умственный глаз».

Он говорит, что реальные и мысленные образы можно объединить и спутать. Примером является тот факт, что свидетели совершения преступления или аварии часто считают, что они видели то, что лишь предполагали — т. е. они не видели того, что произошло на самом деле.

Косслин. С. М. (1994). Образ и мозг: решение спора мысленных образов. Кембридж, штат Массачусетс: МИТ Пресс.

ГЛАВА 14: Двухлетний ребенок и котенок

Давайте посмотрим на следующий этап развития маленького ПД, который начинается приблизительно в возрасте двух лет. Он становится очень любопытным. Слишком любопытным, как говорят его родители. Он лезет всюду. Маленький ПД изучил каждый дюйм своего окружения, включая пространство под раковинами, в ящиках, в корзинах для грязного белья и во всех других местах, куда он мог забраться. Он выбросил все из всех ящиков и вылил все из всех бутылок, до каких только могли добраться его руки, и, возможно, попробовал в большей части их содержимое. Он настолько знает окружающую его обстановку, что его родители не могут принести в дом ничего нового, так чтобы он почти сразу же не обнаружил его.

Давайте посмотрим, как хорошо развиваются дислектичные таланты маленького ПД, дав ему маленького белого котенка. Но вместо того, чтобы дать ему котенка в руки, давайте свернем его в плотный белый клубочек и положим в углу гостиной. Теперь давайте приведем маленького ПД в комнату. Он делает не более трех шагов по комнате, прежде чем его внимание привлекает меховой клубочек в углу. Как только его взгляд останавливается на нем, он начинает ковылять к нему, покачиваясь вперед и назад. Менее чем через секунду он вскрикивает: «Котенок!», и направляется к пушистому комочку в углу.

Как мог двухлетний ребенок узнать в белом комочке меха котенка, а не кролика или какую-то меховую игрушку? Таким же образом он смог узнать свою мать почти два года назад. Как только его взгляд остановился на предмете, и он не узнал, что это такое, то получил ощущение замешательства. Ощущение замешательства привело в действие часть мозга, которая меняет восприятие ребенка. Он мгновенно потерял ощущение равновесия. В комнате стало тихо. Его внутренние часы перестали идти. В течение этого мгновения его талант восприятия позволил ему посмотреть на комочек меха со всех углов и во всех направлениях.

Двухлетний ребенок и котенок

Но котенок был плотно свернут. Комочек меха — это только комочек меха, с какой стороны на него ни посмотреть. Так как ребенок смог узнать, что это котенок?

Если маленький ПД когда-нибудь видел, как вещи отсоединяются друг от друга, как например, бакалейные товары от хозяйственной сумки, когда их оттуда вынимают, или подарок от бумаги, когда его разворачивают, то этот процесс уже стал составной частью его мыслительного процесса. Так что после того, как он использовал эту способность восприятия для того, чтобы посмотреть на комочек меха во всех возможных направлениях, в его мысленном образе он стал раскладываться на составляющие. Появилась лапка, потом еще одна лапка и хвостик, потом высунулась головка и ПД узнал котенка.

Как только произошло узнавание, ощущение замешательства у ПД исчезло. Дезориентирующая деятельность мозга отключилась. В этот момент ПД восстановил чувство равновесия, так что он не упал, а только покачнулся. В это же самое мгновение его слух опять включился, внутренние часы опять стали тикать, и он бросился к сидящему в углу котенку.

ПД не осознал, что его мозг только что просмотрел примерно 2000 образов возможных вариантов того, чем бы мог быть этот комочек меха. Все произошло слишком быстро. В лучшем случае маленький ПД мог бы осознать расплывчатость видимого им образа, моргнув два раза глазами, почувствовать будто он плывет или погружается в воду. Он мог даже испытать легкую тошноту. Но весь эпизод закончился так быстро, что ребенок вряд ли это заметил.

К возрасту двух лет маленький ПД автоматически и подсознательно использует функцию дезориентации для распознавания объектов в своем окружении. Он вознаграждается за это использование, так как создается впечатление, что процесс не дает ошибок.

ГЛАВА 15: Возраст от трех до пяти лет

Что же происходит в промежутке от трех до пяти лет такое, что позволит маленькому ПД иметь более высокий, по сравнению с нормальным, уровень интеллекта, но при этом также создаст для него потенциальную возможность развития неспособности к обучению?

При нормальном развитии в детском возрасте навыки аналитического обоснования и логики должны начинать развиваться в возрасте примерно трех лет. Это навыки осознанного узнавания людей при виде их локтей и котят при виде белых комочков меха. Дети, которым нужны эти навыки, начинают развивать их. Но у маленького ПД уже есть система, дающая более быстрые и более точные результаты по сравнению с теми, которые могли бы когда-либо дать аналитическое обоснование и логика. У него совсем нет необходимости в таких навыках и поэтому они не развиваются.

Дети, которые нуждаются в навыках аналитического обоснования и логики, должны также начать развивать свои способности вербальной концептуализации, потому что обоснование и логика являются процессами, основанными на языке. Эти формы мышления осуществляются по такому же образцу, что и предложения. Так что нормальный ребенок в своем мыслительном процессе должен использовать центр речи и языка, расположенный в левой части мозга.

Таким образом объясняется тот факт, почему вербальная концептуализация во много раз медленнее, чем невербальная: расположенный в мозгу центр языка и речи должен при необходимости работать с максимальной скоростью внятной речи, вероятно, максимум 250 слов в минуту, или примерно 4 слова в секунду. Результатом является то, что мыслительный процесс обычного ребенка очень сильно замедляется, тогда как ум ПД продолжает мчаться на полной скорости.

ПД, конечно, научился понимать разговорный язык и умеет разговаривать. Иногда он пытается говорить также быстро, как может думать и его речевой аппарат не успевает за работой мозга. Когда он пытается сказать что-то важное, то скорость его речи повышается настолько, что слова сливаются. Со стороны слышится лишь неразборчивое искажение звуков. Родители беспокоятся, что у ребенка может развиться заикание.

«Медленнее, дорогой», — говорит его мать. «Ты говоришь так быстро, что я не могу понять тебя». Для ПД, который старается описать мысль, которую визуализирует, речь матери звучит агонизирующе медленно.

Это как если бы она говорила со скоростью менее, чем одно … слово … в … секунду.

Измерения показывают, что разница в скорости между вербальной и невербальной концептуализацией находится в диапазоне от 400 до 2000 раз, т. е. во столько раз скорость больше, когда люди применяют невербальное мышление, в реальности эта цифра составляет, видимо, какое-то промежуточное число.

Процесс развития навыков вербальной концептуализации (мышление звуками языка) может занять до двух лет. Достигнув своего полного развития, он станет основным способом мышления для большинства детей. Так что к возрасту пяти лет, примерно к тому времени, когда начинается детский сад, обычные дети уже начали думать звуками слов.

Это может происходить медленно, но очень пригодится, когда они начнут учиться читать.

Между тем хотя ПД уже слышал, как говорят другие люди и много говорил сам, он еще никогда не *слышал* ни одной из своих собственных мыслей. ПД был слишком погружен в свое образное мышление — процесс, который происходит так быстро, что ребенок даже не замечает его.

ГЛАВА 16: Первый день в школе

Чтобы увидеть воздействие невербального мышления на маленького ПД, давайте превратим его в шестилетнего ребенка и отправим его в первый класс. Независимо от того, насколько он был готов к этому дню и с каким энтузиазмом нетерпеливо ждал его, реальность ужасающа.

Он находится в странном месте. Вон там он сидит. Он напуган до смерти. Он предпочел бы находиться в любом другом месте в мире, а не там, где он находится сейчас.

Теперь давайте подведем к доске незнакомую даму с кусочком мела в руке и пусть она напишет буквы К-О-Т. Она поворачивается и говорит: «Кто знает, что это такое?». Кто-то из детей уже знает это слово, но ПД нет. Даже когда они говорят «кот», у него не образуется никакой связи с написанным. Строки не формируют ничего похожего на его мысленный образ кота.

Когда он посмотрел на строчки на доске и не узнал, что они собой представляли, к нему пришло ощущение замешательства. К этому моменту времени замешательство автоматически приводит в действие тот участок его мозга, который изменяет восприятие. В мгновение ока его мозг смотрит на слово в не менее, чем сорока различных конфигурациях. Он воспринимает слово в прямом и обратном направлении, в обоих этих направлениях вверх ногами, также он видит его плавающим в пространстве с ракурса различных перспектив.

Затем, в мгновение ока, будучи до сих пор неузнанным, слово начнет разделяться и снова складываться во всех возможных конфигурациях точно так, как это происходило с образом белого пушистого кота, когда ребенку было два года. Только на этот раз усилия не приносят результата.

ПД не осознает, что его мозг просто собрал все противоречащие друг другу порции информации. Самое большое, что он мог осознать — видимые образы расплывались на протяжении того периода времени, который необходим чтобы два раза моргнуть. У ПД могло появиться ощущение, что он плывет или тонет и он мог почувствовать некоторую легкую тошноту. Но более всего ребенок ощущал замешательство.

В тупике

Первый раз в жизни специальный метод, которым пользовался ПД для узнавания объектов, не сработал. Этот метод не только не помог узнать слово и устранить состояние замешательства, а, наоборот, сделал слово по меньшей мере в сто раз еще более неясным. Ребенок пытался понять слово не как символ, а как объект.

Дар дислексии

```
КОТТОКТОКЖОТ
ЖОТТОКТОКЖОТ
КОТТОКТОЖКОТ
ОКТТЖОТКЖООКТ
ОКТТЖООКТТЖО
ОЖТТКООЖТТКО
ОТКЖТООТКЖТО
КТООТЖКТООТЖ
ОТКЖТООТКЖТО
ОТЖКТООТЖКТО
```

Сорок видимых дислектиком вариантов слова КОТ.

Если бы учительница показала ему настоящего кота, ПД узнал бы его в мгновение ока, даже если бы тот был свернут в плотный комок меха. Он мог это делать еще за три года до того, как вошел в класс. Но учительница не показала ему кота; она показала ему слово *КОТ*. Та же самая функция, которую выполнил бы его мозг для узнавания объекта, почти мгновенно произвела многократные дислектические искажения слова, но без какого-либо разрешения его состояния замешательства.

Если мы посмотрим на это под другим углом зрения, то увидим, что ПД просто ввел по меньшей мере сорок порций информации в свой мысленный компьютер. Тридцать девять порций информации были неверными.

Единственный метод, который есть у маленького ПД для определения правильных данных, — это процесс устранения. Так что в отсутствие кого-либо, кто показал бы ему или сказал бы, как это надо делать, он в конце концов пришел к этому методу самостоятельно.

Когда-нибудь после того, как он начнет реализовывать процесс устранения, учительница подойдет к нему и скажет нечто вроде следующего: «ПД, дорогой, от тебя не требуется угадывать. Вот, попытайся . . . .». То, что делал ребенок, действительно выглядело как угадывание, но, по сути, не было таковым.

К тому времени, когда маленький ПД будет делать все то, что он должен делать для распознавания слова *КОТ*, он проведет в своем мозгу по меньшей мере в четыре тысячи раз больше вычислений, чем другие дети. Это правда, что он может думать примерно в четыреста — две тысячи раз быстрее, чем большинство других детей. Но поскольку ребенок должен проделать это по меньшей мере на четыре тысячи раз больше, то будет казаться, что он делает это очень медленно.

Несостоятельность

Замечание учительницы может показаться незначительным, но оно существенно для возникновения дислексии. Пока кто-нибудь не скажет ПД, что его метод обращения с неверными данными и спутанностью сознания является неправильным, он не проявит эмоциональных реакций, ассоциирующихся с неспособностью обучения как признаком дислексии.

Если несостоятельность проявляется в детском саду, то его дислексия разовьется в детском саду. Если этого не случится до третьего класса, у ребенка не будет дислексии до третьего класса. Борьба за понимание будет присутствовать, но ПД не будет осознавать, что он не такой, как другие дети, и не понизит свою самооценку.

Первый день в школе

«Можешь ли ты поверить, что это происходит со мной? Ее оценки по предмету самооценки очень низкие».

Даже маленький ПД не осознает, что он использует процесс устранения. Он не осознает, что у него есть, по меньшей мере, тридцать девять порций неверной информации по каждому состоящему из трех букв слову, которое ему не удалось узнать.

Ребенок не осознает, что процесс, который им используется для устранения неверной информации, является единственным в его распоряжении, если он желает получить верный ответ. В его возрасте ПД не осознает разницы между угадыванием и ошибками. Он считает, что, угадывая, делает ошибки.

Никто не любит делать ошибки, так что ПД демонстрирует естественную человеческую реакцию — он расстраивается. Вскоре его эмоциональные реакции огорчают учительницу, которая в свою очередь расстраивает школьную администрацию, а та — родителей ПД.

Кто-то в конце концов скажет родителям, что ПД недоразвитый или медленно развивающийся ребенок или нечто вроде этого. Они обычно не употребляют слова глупый или тупой, но смысл передается очень понятно.

Как только ПД расстраивается из-за того, что он делает ошибки, остальные непременно огорчаются вместе с ним и его состояние фрустрации усугубляется. Ребенок находится в состоянии фрустрации, потому что эти слова должны быть легкими, такими же легкими, как и все остальное. Но они не являются легкими — они невозможные.

На этом этапе ПД приобрел эмоциональное расстройство, которое было необходимо ему для того, чтобы стать созревшим дислектиком.

ГЛАВА 17: Возраст неспособности к обучению

В возрасте примерно девяти лет, будучи учеником третьего класса, маленький ПД достигает своего предела фрустрации. Если он не выявит путь как переступить через свою проблему со словами, пройти под ней, вокруг нее или сквозь нее, то застрянет в третьем классе до конца своей жизни. На данный момент школа стала пыткой, и он в отчаянии.

ПД начинает решать свою проблему. Он находит умственные трюки и уловки, такие, например, как механическое запоминание и ассоциации звуков, песен, рифм и, что хуже всего — концентрацию. Все это позволяет ему функционировать в мире слов. Все рады за него теперь, когда он, в конце концов, делает какие-то успехи. Он наконец начал учить уроки, но уроки имеют мало общего с настоящей учебой. Уроки, которые он учит, будут составлять пожизненную неспособность к обучению. Они являются виновниками компульсивного поведения. В лучшем случае они смогут сделать так, что в школе он будет считаться учеником с «замедленным восприятием», который «очень старается».

ПД начал процесс накопления своих «старых решений». Он начинает превращать ограничение в неспособность. Это было ограничением, так как, чтобы только узнавать состоящие из трех букв слова, ему приходилось выполнять в тысячу раз больше вычислений, чем другим ученикам. Это станет неспособностью, так как он не может управлять своими «старыми решениями» — они управляют им.

Если ПД оказывается в классе системы специального образования, у него будет возможность приобрести больше уловок для обучения, чем в том случае, если бы он остался в обычном классе. Учителя системы специального образования обычно очень преуспевают в передаче своих собственных старых решений своим ученикам. Это может создать впечатление, что дети делают, по крайней мере, небольшие успехи. К сожалению, класс системы специального образования еще более снижает самооценку ПД. Его нахождение там не оставляет ему никаких сомнений в том, что ему не хватает интеллекта. В первом классе были только намеки на его тупость, теперь же она подтвердилась.

Если ПД не отправляют в класс системы специального образования, его могут оставить в начальной школе еще на один или даже на два года. Быть на год или на два года старше, чем другие дети в классе, может давать чувство стыда ПД, но его рост и более высокий уровень знаний в областях, выходящих за рамки школьной программы, могут выразиться в преимущества на уроках физкультуры, музыки и прикладного искусства, а также на переменах и при внеклассной деятельности.

В целях компенсации и для того, чтобы найти какую-то форму самооценки, ПД может заняться любым числом различных увлечений, ни одно из которых не будет связано с чтением или письмом. Это может быть спорт, изобразительное искусство, музыка или актерская деятельность. Также возможен бунт, если он в качестве защиты решает быть «плохим ребенком» и причиняет беспокойство своим родителям и учителям, то может обнаружить, что обладает настоящим талантом в области нарушения правил.

Во время подросткового периода талант ПД оценивать ситуацию и создавать мотивацию для других может дать возможности для лидерства: в школьном клубе или в спортивной команде, на подработке или в компании.

Было бы легко обвинить в проблеме дислексии систему образования, но в соответствии с представленной здесь основной предпосылкой дислексии, понятно, что это состояние создано самим дислектиком. ПД отвечает за все действия, которые привели к неспособности к обучению. Он сам научился искажать свои восприятия. Если мы попробуем возложить эту ответственность на кого-либо другого, то проблема ПД никогда не будет полностью решена. Конечно, он не осознавал своих действий, но это не меняет того факта, что только ПД может научиться тому, как распутать созданное им самим.

Дислектик растет

Для ПД уроки, на которых нужно читать и писать, являются камерами пыток для ума. Он познает много из того, чему учат на уроках прикладного искусства, музыки и естественных наук, потому что на этих уроках учителя полагаются на устные объяснения и демонстрацию. Но у него низкие отметки за письменные контрольные даже по тем предметам, которые ему нравятся. Так как все говорят, что важно получить образование, ПД заканчивает столько классов школы, сколько он может выдержать. Он может не закончить среднюю школу и получить работу, которая позволит ему применять свои прекрасные механические способности. Он может остаться в средней школе и отличиться в спорте, искусстве или актерской деятельности. Если ПД повезет, он может найти подружку, которая поможет ему с письменными работами.

Потом он может пробиться через колледж и заняться бизнесом, даже если его школьные навыки чтения заставляют его работать на полуграмотном уровне, когда речь идет о письменных средствах общения.

Продолжение применения талантов

Что бы ни делал ПД еще, он не теряет первоначального дара, который развил: смотреть на объект или ситуацию и «просто знать», что это такое. По мере того, как он продолжает наблюдение за миром, он также вырабатывает острое интуитивное понимание того, как и что работает. У него развито воображение и изобретательность. Он сориентирован визуально и кинестетически. Он может думать на ходу и быстро реагировать. Он хороший спортсмен, интересный собеседник, хороший коммивояжер или рассказчик. Однако, если его самооценка достаточно сильно упадет, он может стать социально неприспособленным, но и в этом случае он найдет способ поддерживать минимальное чувство самоуважения даже за счет эмоций других людей.

Тем не менее у него достаточно низкое мнение о себе, потому что как минимум половину своей жизни он слышал, как люди явным или скрытым образом называли его тупым или дефективным. Он хранит в тайне свое неумение хорошо читать и придумывает все больше уловок и хитростей, чтобы победить систему написанного слова.

Открытие

В 1980 году мне посчастливилось обнаружить способ, которым можно корректировать серьезные искажения восприятия — то, что составляло мою ежедневную реальность на протяжении тридцати восьми лет.

Я работал скульптором, когда получил письмо от другого скульптора, в котором тот спрашивал о моих методах создания изваяний. Его письмо было настолько наполнено похвалой, что я приступил к утомительному процессу составления ответа. Спустя несколько часов моего труда по тщательному изложению своих мыслей, я обнаружил, что письмо было абсолютно нечитабельно — просто куча бессмысленных закорючек, которые никто никогда не смог бы прочитать.

Через несколько месяцев меня осенило, что когда я писал письмо, то был сосредоточен на своем творческом процессе. Я подумал, не было ли именно это причиной того, что усугубило мою дислексию. Инженер во мне аргументировал, что если мою дислексию можно было изменить чем-то, что я делал мысленно, то, вероятно, это не могло быть структурной проблемой, а должно было бы быть функциональной проблемой. Таким образом, должно было быть что-то, что я мог делать мысленно, чтобы скорректировать мою дислексию. Это было моим первым шагом исследователя в области неспособности к обучению.

Через три дня мне удалось выяснить, как можно корректировать мои искажения восприятия. Я пошел в библиотеку, взял «Остров сокровищ» и впервые в жизни прочитал книгу от корки до корки всего за несколько часов.

С тех пор я работаю над созданием методов, основанных на том, что я открыл. Я имел удовольствие обучать сотни Методистов по всему миру, которые помогли тысячам детей и взрослых научиться заставлять слова и мир стоять смирно.

Наряду с этим ПД может посещать семинары и курсы, направленные на самосовершенствование, которые пытаются «излечить» его неспособность или помочь ему справиться с ней. Некоторые из них принесут пользу. Другие могут опосредованно создать еще больше компульсивных решений в виде обусловленного поведения. Какие-то могут помочь ему научиться делать то, что не имеет никакого отношения к чтению или письму. Вероятнее всего, ПД найдет способы просто делать то, что он хорошо умеет, и избегать того, что у него не выходит. К примеру, если у него есть работа, которая требует составления отчетов, то ПД найдет способ, чтобы этим занимался кто-нибудь другой.

Однажды он может обнаружить у себя талант к изобразительному искусству, например, к ваянию. Фактически потому, что он может визуализировать форму, которую хочет создать, для него данный процесс практически не требует усилий. Чтобы сделать бюст, он должен всего лишь поместить образ чей-то головы в кусок дерева или глины и отсечь весь лишний материал по краям этого образа. Или он может поставить изображение головы на стол и заполнить его материалом, как если бы это была прозрачная форма.

Последний пример взят из моей собственной жизни. Многие ощущения маленького ПД — это ощущения маленького Р. Д. — Рона Дейвиса.

ЧАСТЬ ТРЕТЬЯ

Дар

Талантливый винодел

Марку было восемь лет, когда он пришел в Центр по исследованию чтения. Ребенок сражался с программой второго класса, не усвоив даже то, чему учили в первом. Учителя предложили ему пройти проверку в области нарушений нервной системы. Мать Марка не была согласна с этим, так как, несмотря на плохую успеваемость в школе, она знала о наличии у сына особых способностей во многих областях.

Семья Марка была семьей виноделов в четвертом поколении. Уже в четыре года дед брал его с собой на виноградники и винодельню. Для Марка искусство и наука виноделия были игрой. К шести годам он мог сказать, в какое именно время надо было собирать и давить виноград. Он просто знал, когда было выработано необходимое содержание сахара или, когда содержание кислоты в оболочке ягод было недостаточным. Он мог сказать, когда ферментация закончилась, когда пора переливать вино из чанов в бочки и из бочек в бутылки. Если бы вы спросили его, откуда он все это знает, то он бы просто постучал пальцем по виску. Его прадед также чувствовал виноград, что считалось величайшим даром, каким только мог обладать винодел.

Когда мать Марка увидела в местной газете рассказ о нашей работе, ей на глаза попался перечень симптомов дислексии, который я озвучил репортеру. Одним из них была способность интуитивного мышления, когда некоторые дислектики просто знают, как и почему что-то происходит, не обладая сознательным, причинно-следственным пониманием этого.

Она объяснила: «Симптомы в статье соответствуют большому количеству того, что я заметила у Марка, когда он был маленьким: он редко плакал; стал ходить до того, как начал ползать; начал говорить значительно раньше, чем дети всех моих друзей. Он мог прекрасно запоминать события, даже те, которые происходили в младенчестве, но с трудом произносил алфавит или свое имя по буквам. Я никогда раньше не слышала, чтобы о дислексии говорили таким образом, но данное описание идеально подошло моему сыну. До этого у меня даже не возникало мысли, что особые способности Марка и его проблемы обучения могут быть связаны друг с другом».

ГЛАВА 18: Понимание таланта

Надо понимать, что как с отрицательной стороны дислексии не будет двух человек с одинаковой неспособностью к обучению, так и с положительной стороны — дар дислексии уникален в каждом случае. Однако есть общие характерные особенности, наблюдаемые у всех дислектиков.

Как и отрицательный аспект дислексии, дар также имеет эволюционный характер. Он должен вырасти. Он должен быть создан дислектиком. Со временем дар меняется. Часто он не получает полного развития до тех пор, пока не пройдет несколько лет со дня окончания дислектиком школы. Возможно, эти промежуточные годы представляют собой некоторый вид восстановительного периода.

Итоговым даром дислексии будет дар мастерства. Дислектик сможет освоить многие навыки быстрее, чем их сможет понять и постигнуть средний человек.

Дар мастерства — это накопление различных характеристик основных способностей человека. Он начинается с особенности невербальной мысли.

Образное мышление

Основной мыслительный процесс дислектика — это невербальный процесс мышления образами, который происходит со скоростью тридцать два изображения в секунду. В течение секунды у человека с вербальным мышлением может быть от двух до пяти мыслей (концептуализированные отдельные слова), тогда как у человека с образным мышлением их будет тридцать две (концептуализированные отдельные образы). Если сделать математические вычисления, то число мыслей будет примерно в 6 — 10 раз больше.

Существует также принцип, выраженный старинной пословицей — «Одна картина стоит тысячи слов». Человек, мыслящий образами, может думать одним изображением о концепции, для описания которой может потребоваться сотни или тысячи слов. Теория относительности пришла к Эйнштейну в грезах, где он видел себя идущим рядом с лучом света. Его видение длилось всего несколько секунд, но оно породило множество учебников, которые пытаются объяснить его. Для Эйнштейна концепция была простой; для среднего же человека она почти непостижима.

Подсчитано, что мышление образами, в общем, происходит со скоростью в 400 — 2000 раз быстрее, чем вербальное мышление. Очевидно, что скорость меняется в зависимости от сложности отдельных образов. Но здесь есть нечто большее, чем просто разница в скорости. Образное мышление более полное, более глубокое и более всеобъемлющее.

Вербальная мысль линейна во времени: она осуществляется путем создания предложения, слово за словом, тогда как образное мышление имеет эволюционный характер. Образ вырастает по мере того, как мысленный процесс добавляет к общей концепции все больше дополнительных концепций.

Представленные в виде образов мысли являются столь же полными или глубокими, сколь точными являются эти мысленные образы в изображении значения слов, которыми воспользовался бы человек для описания тех же самых мыслей.

Мы можем сказать, что мысли, представленные в виде образов, являются материей, тогда как мысли в виде слов являются *значимым звуком*.

Интуиция

Единственным недостатком в образном мышлении является то, что человек не осознает отдельные образы по мере их появления, так как все происходит слишком быстро. Охват осознания — это количество времени, необходимое для того, чтобы что-то осознанно зарегистрировалось в сознании человека. У людей это происходит с относительно постоянной скоростью, составляющей 1/25 секунды. Иными словами, для того, чтобы стимул зарегистрировался в сознании человека, он должен присутствовать в течение 1/25 секунды.

Если длительность наличия стимула составляет более 1/25 секунды, мы его осознаем. Это называется познание. Если длительность наличия стимула составляет менее 1/25 секунды, но более 1/36 секунды, то он попадает в категорию, называемую подсознательные стимулы. Наш мозг получает его, но мы не осознаем того, что он получил. Если он является частью континуума, то он сливается с предшествующими и последующими образами. Если наличие стимула составляет меньше 1/36 секунды, мы не получаем его даже подсознательно. Он прошел слишком быстро, так что наш мозг совсем не успел уловить его.

Создается впечатление, что образное мышление постоянно происходит со скоростью тридцать два изображения в секунду, или с частотой 1/32 секунды, т. е. с той же частотой, что и частота слияния мельканий глаза. Иными словами, со скоростью прерывания попадания света в глаз.

Это несколько быстрее, чем 1/25 секунды для охвата сознания, но медленнее, чем предел подсознания в 1/36 секунды. Так что образное мышление попадает в диапазон подсознания.

Мозг человека получает мысль, но сознательно человек не отдает себе в этом отчет. В результате мы можем начать понимать *интуицию*, потому что образное мышление — это то же самое, что и интуитивное мышление. Человек начинает осознавать продукт мыслительного процесса, как только он возникает, но он не осознает процесса, когда он происходит. Человек знает ответ, не зная, почему это является ответом.

Многие дислектики находят способ, как принести подсознательный мыслительный процесс в свое сознание. Если они думают о чем-то интересном, то могут дезориентироваться вовнутрь своей мысли и смотреть отдельные образы по мере их возникновения. Другими словами — они грезят. Родители и учителя очень критически относятся к грезам, что в корне неверно. Фактически они должны поощрять грезы дислектиков при каждой возможности. Пребывание в грезах — это процесс, связанный с гениальностью, как это не раз было доказано Эйнштейном и другими.

Многомерная мысль

Дезориентация добавляет мыслительному процессу размерность. Мышление больше не является подсознательным или происходящим только в образах. Многомерная мысль использует все органы чувств.

Охват сознания

Телевизионные кадры появляются на экране со скоростью тридцать кадров в секунду, что достаточно быстро, чтобы обмануть наши глаза и заставить их видеть непрерывное движение. Современные фильмы проецируются со скоростью двадцать четыре кадра в секунду и большую часть времени обманывают наши глаза, но иногда они создают впечатление, что колеса дилижанса вращаются назад. Старые немые фильмы, демонстрируемые со скоростью шестнадцать кадров в секунду, характеризуются прерывистостью движений и наш мозг может легко уловить скачки между отдельными изображениями.

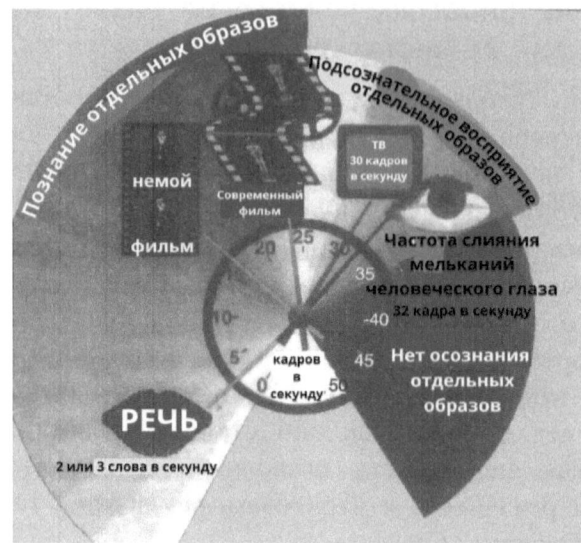

В большинстве стран за пределами Северной Америки скорость телевизионного вещания составляет 25 кадров в секунду

Когда возникло состояние дезориентации, мозг больше не видит того, на что смотрят глаза — он видит то, о чем думает человек так, *как будто бы* это видели его глаза. Мозг больше не слышит того, что слышат уши — он слышит то, о чем думает человек так, *как будто бы* это слышали его уши. Тело больше не чувствует того, что ощущают его органы чувств — оно ощущает то, о чем думает человек, и так далее.

Одним из аспектов многомерного мышления является способность думающего ощущать мысли как реальность.

Реальность — это то, чем она является в соответствии с восприятиями человека, а дезориентация изменяет восприятие. Мысли человека становятся восприятиями человека, так что мысли являются реальностью для этого человека.

Творческий процесс

Если «необходимость — это мать изобретения», то многомерное мышление должно быть ее отцом. Эта концепция помогает нам понять, как Леонардо да Винчи мог концептуализировать подводную лодку за 300 лет до изобретения устройства, которое могло выкачивать оттуда воду. Мы понимаем, как он мог предвидеть вертолет за 400 лет до того, как появился двигатель, способный приводить такой аппарат в движение. Почти нет сомнений в том, что Леонардо мог ощутить полет и путешествие под водой за сотни лет до того, как они стали реальностью. Его многомерная способность позволила ему ощутить свои мысли как реальность и нарисовать результаты, так чтобы это могли видеть все.

Конечно, в дни Леонардо были, вероятно, люди, которые считали эти идеи сумасшедшими.

На этом наброске Леонардо визуализировал полет вертолета, приводимого в движение человеком. Об этом говорится в примечании, написанном от руки в «зеркальном изображении», каким он обычно делал записи в своих тетрадях.

С точки зрения отрицательного аспекта мы можем также начать понимать, почему в заведениях для психических больных имеется много пациентов, которые абсолютно убеждены в том, что они Иисус Христос или Наполеон. Их проблема заключается в том, что они не могут разграничить мнимую реальность и реальность, разделяемую большинством людей.

ГЛАВА 19: Любопытство

Начиная с возраста уже трех месяцев, дислектик использует дезориентацию для распознавания объектов в окружающей его обстановке. Эта способность действует абсолютно точно, создается впечатление, что ошибок никогда не возникает. К тому времени, когда дислектику исполняется два года, дезориентация стала автоматической и она возникает каждый раз, когда человек попадает в состояние замешательства.

Способность узнавать объекты в таком раннем возрасте дает дислектику высокий уровень познания окружения. В результате маленькие дислектики начинают «всюду лезть» сразу, как только они становятся на это способны. Тяга к передвижению очень сильна. Для детей с дислексией общим признаком является то, что они начинают ходить на несколько месяцев раньше того возраста, который указывается в книгах по развитию ребенка.

Общим признаком для родителей является то, что они сходят с ума, пытаясь найти способ, как удержать своих детей-дислектиков в нужных местах и не пустить в те, в которых родители не хотят их видеть.

Лечение ползанием

Один из новых методов борьбы с дислексией, появившийся в 50-х годах, взял свое начало из наблюдения того, что дети, у которых позже развилась дислексия, часто начинали ходить до того, как научились ползать. Лечение заключалось в том, что дислектиков надо было заставлять ползать по полу до тех пор, пока дислексия не исчезнет. Конечно, это не помогало, но терапия ползанием была включена в число многих программ лечения дислексии и до сих пор иногда практикуется.

Можно понять реакцию матери, которая только что обнаружила под кухонной раковиной своего двухлетнего ребенка, опорожняющего содержимое всех коробок и бутылок. Это опасное поведение. Кто знает, что ребенок мог съесть? Даже после того, как трезвые рассуждения взяли верх, все равно понятно, что такой тип поведения должен быть изменен.

Мы не можем ожидать, что ребенок в таком возрасте отреагирует на разумные доводы. Наказание ребенка также не является решением, потому что реакция ребенка на принуждение может быть сильнее обычной и такой, которую не исправят обычные процедуры наказания. Кроме того, если бы мы на самом деле понимали, что делал ребенок, мы бы не захотели менять этого. Так что сделать ящики в кухне и в ванной недоступными для ребенка и закрыть пластиковыми крышками дверные ручки — лучшее решение.

Ребенок с дислексией начинает всюду лезть не для того, чтобы расстроить родителей, он реагирует на побуждение, которое в конце концов станет частью дара дислексии.

Зерно, которое начало прорастать, — это *любопытство*. Любопытство сильнее силы притяжения — иначе не было бы самолетов. Любопытство имеет больше значения, чем знание — это корень знания. Без него не было бы такого явления, как знание.

Самое важное, что любопытство — это динамическая сила, стоящая за творческими способностями. Без творчества человечество до сих пор оставалось бы в пещерах.

ГЛАВА 20: Творческие способности

Творческие способности — это то, что ставит человека выше всех форм жизни. Считается, что Бог, как творец, создал человека по своему образу и подобию. Если это так, то человек, созданный по образу Бога, должен быть творческим существом.

У дислектика побуждение к творчеству значительно сильнее, чем у людей, у которых нет основных способностей дислектика. Вследствие наличия *образного мышления, интуитивной мысли, многомерной мысли* и *любопытства* творческие способности дислектика развиты значительно больше.

Творческие способности позволяют нам постигать вещи, которые фактически не

Творческие способности

существуют. Из таких ощущений мы можем воплотить в жизнь нечто новое. Все оригинальные идеи произрастают из процесса творчества.

Мы думаем о творческих способностях в связи с изобретениями или новшествами. Это правильно, но, если спуститься на первоначальный уровень, творческие способности — это средство, с помощью которого происходит реальное обучение.

Обусловливание — это самая элементарная форма обучения. Когда мы обучаем собаку или тюленя делать трюки, то вырабатываем условные рефлексы поведения животного через систему поощрений или наказаний, заставляя его вести себя требуемым образом. Таким методом можно также обусловить и поведение людей, но это будет значительно сложнее. Часто обусловливание не является эффективным.

Вследствие наличия творческих способностей люди учатся на значительно более высоком уровне. Умение рассуждать является функцией творческих способностей. Логика — это продукт творческих способностей. Рассуждение и логика являются основами обучения. Если мы прикасаемся к чему-то, что обжигает нам пальцы, то с помощью рассуждения и логики мы определяем, почему мы не должны прикасаться к этому снова. Таким образом мы научились, что это трогать нельзя.

В главе 15 я упоминал о том, что дети с дислексией часто не развили свои навыки рассуждения и логики к первому классу школы. Они развили свои варианты этих навыков не по линейной модели вербальной мысли. Их аналитическое рассуждение и логика сравнительны — вместо слов используются образы. Этот метод мог бы прекрасно применяться для понимания строения спиралевидной структуры ДНК, но он может быть бесполезен при попытке решить математическую задачу в пятом классе.

Иногда, как аутистические саванты (*прим. переводчика: люди с особенностями развития, в том числе аутистического характера, имеющие выдающиеся способности в одной или нескольких областях знаний*), дислектики могут «видеть» ответы на математические задачи, не пользуясь карандашом и бумагой. Фактически это высоко развитая форма рассуждения. Они решили задачу независимо от того, утруждали ли они себя прохождением через все последовательные этапы или нет. Часто исследования показывают, что они разработали в высшей степени творческие кратчайшие пути решения математических задач.

Если у человека процесс творчества и процесс выучивания не являются абсолютно одинаковыми процессами, то они настолько тесно связаны друг с другом, что их невозможно разделить.

Творческие способности

Если мы допускаем, что дислектику внутренне присущи более высокие творческие способности, чем среднестатистическому человеку, то тогда дислектик должен был бы уметь выучивать больше за меньший период времени. Теоретически это так, но для преподавателей и родителей все может оказаться наоборот.

Вероятной причиной является то, что существенная часть обучения основана на обусловливании. От ребенка требуют пройти через этапы заучивания для нахождения решения, которое на его взгляд не имеет лично для него никакого смысла.

Дислексия не должна называться неспособностью к обучению. Ее более точным названием должно было бы быть — *сложность обусловливания*.

В реальных жизненных ситуациях, таких как обучение по месту работы, творчество и спорт, дислектики действительно учатся большему за меньший период времени по сравнению с обычным человеком. Когда обучение дается на практике, дислектики могут освоить многие навыки быстрее, чем обычный человек.

Точки в пространстве

До возраста тринадцати лет я находился в состоянии дезориентации настолько большую часть времени, что меня считали умственно отсталым. Сегодня меня бы назвали аутистом. Следовательно, у меня осталось очень мало «реальных» воспоминаний о моем детстве. Но у меня нет сомнений в том, что следующий случай, касающийся меня и моей матери, является реальным.

Когда я был в четвертом классе, мой учитель математики был озадачен тем, что я, не будучи в состоянии справиться с простыми примерами, мог мгновенно решить сложные алгебраические уравнения. Однажды он обсуждал это с моей матерью и спросил меня: «Если x равен единице, а y равен семи, сколько будет два y минус x?».

Я немедленно ответил: «Тринадцать». Когда меня спросили, как я получил ответ, я сказал, что увидел его. Когда меня спросили, как он выглядел, я коснулся двух точек в пространстве, а потом коснулся еще трех точек под ними.

Учитель математики сказал, что он слышал о людях, которых называют «савантами» и что они могут делать такие вещи.

«Вы имеете в виду идиотов савантов?» — с негодованием спросила моя мать. Она обругала учителя за то, что он назвал меня идиотом,

Творческие способности

схватила меня за руку и увела меня из школы. После этого меня забрали из класса и не позволяли больше заниматься математикой до девятого класса, когда я начал изучать алгебру.

По алгебре я правильно решал все задачи в учебнике, все задачи, которые учитель писал на доске, и все задачи в контрольных. И все же я не прошел этот класс. Учитель объяснил, что целью обучения в этом классе было не просто получить правильные ответы, а освоить способы решения задач. Я не научился ни одному из них. Все, чему я научился, — записывать ответы.

ГЛАВА 21: Дар мастерства

Дар дислексии — это дар мастерства. Когда кто-то осваивает что-то, то он выучивает это настолько хорошо, что может это сделать, не задумываясь над тем, что он делает. Освоить что-то — это *на самом деле* выучить это. Если процесс творчества и процесс изучения одинаковы, то, когда человек что-то освоил, это значит, что он *создал* знания, необходимые для того, чтобы делать это.

Все реальные знания — результат опыта. Будет ошибкой ставить знак равенства между информацией, которую вы запомнили и ее пониманием. И еще большая ошибка — путать понимание данных со знаниями.

Когда у человека есть опыт, то у него есть знания данного опыта. Если потом человек хочет записать эти знания в книгу, то знания должны быть преобразованы в информацию. Когда книгу будет читать кто-то другой, то читатель будет получать не знания, а только информацию.

Если читатель понимает информацию, то он будет понимать опыт только концептуально. Но если читатель *действительно* хочет знаний, то ему необходимо будет иметь фактический опыт, подобный тому, который есть у автора.

Если человек хотел научиться ездить на велосипеде, то он мог бы взять несколько книг по этой теме. Изучив всю информацию, человек может понять принцип езды на велосипеде. Если человек ошибочно думает, что он знает, как ездить на велосипеде и пробует это делать, его опыт быстро продемонстрирует разницу между *пониманием* и *знанием* того, как ездить на велосипеде.

Опыт езды на велосипеде дает велосипедисту возможность *создать* действие езды на велосипеде. По мере того, как человек создает езду на велосипеде, он учится тому, как ездить. Вначале будет много экспериментов, размышлений и запоминаний. По мере создания фактического опыта сознательных усилий понадобится все меньше. Когда человек сможет ехать автоматически, не экспериментируя, не думая и не запоминая, это значит, что он освоил езду на велосипеде.

Легко понять физические навыки, такие как, езда

на велосипеде или вождение машины, но это не столь очевидно, когда речь идет об изучении языковых навыков, о чтении или математике. Тем не менее принцип тот же.

Когда данный принцип применяется к изучению языковых навыков и математики, дислектики не только обучаются этим навыкам — они осваивают их. Методика «Освоение символов по системе Дейвиса» — это процесс, которым могут воспользоваться дислектики, чтобы применить принцип ко всему, чему они хотят научиться.

Освоение — это больше, чем просто быстрое обучение. Освоение — это уровень обучения, при котором сознательная мысль больше не требуется. Это способность обладать информацией, выученной как фактический опыт. Когда что-то осваивается, нет необходимости беспокоиться о способности запоминания этого далее, так как данное уже скорее всего невозможно забыть.

> *Когда кто-то осваивает что-то, оно становится частью этого человека. Оно становится частью мыслей и творческого процесса индивидуума. Оно добавляет качество своей сущности ко всей последующей мысли и творческим способностям индивидуума.*

ЧАСТЬ ЧЕТВЕРТАЯ

Что мы с этим делаем

Руководство для родителей, воспитателей и преподавателей

Ориентация корректирует восприятие.
«Освоение символов» корректирует дислексию.
— Рональд Д. Дейвис

ГЛАВА 22: Как это можно определить?

Если вы подозреваете, что у вас самих или у кого-то, кто является вашим подопечным, имеется дар дислексии, то как его можно диагностировать? Создается впечатление, что это простой логический вопрос, на который должен быть в равной степени простой логический ответ, но это не так. Если вы на минуту задумаетесь о том, что вы уже прочли о дислексии, причины затруднения станут очевидными.

Разнообразные симптомы при отсутствии патологии

Традиционный метод диагностирования проблемы заключается в проведении обследования человека, а затем изучении результатов в рамках симптоматики или патологии.

Как это можно определить?

Если для изучения симптомов применять симптоматику, то это подразумевает наличие многих проблем. Первая заключается в том, что нет двух таких людей, у которых дислексия когда-либо проявлялась одинаковыми симптомами. До тех пор, пока все люди, у которых есть дислексия, не добавят свои симптомы в список, мы никогда не сможем узнать, какими могут быть все возможные симптомы дислексии. Кроме того, все известные симптомы дислексии могут быть результатом иных причин, включая физические нарушения, такие как нарушения зрения и функции внутреннего уха.

Если изучать характер заболевания в патологии, то тогда изучаются структурные и функциональные изменения в организме, вызванные заболеванием. Здесь большим недостатком является то, что дислексия — это не заболевание, а самосозданное состояние.

По мере того, как оборудование, позволяющее заглянуть внутрь организма, становится все более и более сложным, мы можем предполагать обнаружение в нем аномалий, например, несколько увеличенное шишковидное тело и значительно увеличенные нейроны, что вызывает небольшое утолщение мозолистого тела. Но если дислексию рассматривать как эволюционный процесс, то эти аномалии были бы результатом различий в том, как развивается мозг дислектика в процессе использования. Говорить, что они вызывают дислексию, было бы неправильно.

Эти гипотетические различия имели бы место у всех, у кого есть дар дислексии, а не только у тех, у кого развивается неспособность к обучению.

В результате не существует диагностических тестов, способных точно определить дислексию. Вероятно, это является причиной того, что некоторые психологи и преподаватели говорят: «Не существует такого понятия, как дислексия». Но оно существует.

Если мы посмотрим на структуру или анатомию неспособности к обучению, известной как дислексия, мы увидим, что имеет место следующая последовательность развития:

1. **Индивидуум сталкивается с неузнанным стимулом.** Это могло быть слово (написанное или произнесенное), символ или объект, которые не были узнаны.

2. **Отсутствие узнаваемости вызывает состояние замешательства, которое стимулирует дезориентацию.** Индивидуум использует дезориентацию для мысленного исследования стимула с различных точек зрения в попытке получить распознавание. Обычно это

Как это можно определить?

срабатывает с объектами реальной жизни, но совсем не срабатывает с языком, потому что он состоит из звуковых или письменных символов, применяемых для обозначения понятий и концепций.

3. **Дезориентация приводит к ассимиляции неправильной информации.** Мысленно исследуемые индивидуумом изображения регистрируются в мозгу как фактическое восприятие. В большинстве своем они неверные.

4. **Ассимиляция неверных данных заставляет человека делать ошибки.** Индивидуум не может отличить верное восприятие от неверного, потому что и то и другое регистрируются в мозгу как фактическое восприятие. Возникающие в результате ошибки обычно являются первыми симптомами дислексии.

5. **Ошибки вызывают эмоциональные реакции.** Никто не любит делать ошибки. Индивидуум просто испытывает человеческую реакцию. Это, в свою очередь, заставляет учителей и родителей реагировать негативно.

6. **Эмоциональная реакция вызывает фрустрацию.** Фрустрация является результатом совокупных последствий ошибок и

эмоциональных реакций, соединенных с негативной реакцией других людей.

7. **Решения создаются или заимствуются для выхода из проблем, происходящих из применения дезориентации в процессе распознавания.** Эти решения будут методами создания впечатления, что человек разбирается в происходящем или знает, как выполнить задания. Каждое сработает по крайней мере один раз и станет *компульсивным поведением*. Человек будет пользоваться им даже не замечая этого. Эти «старые решения» обычно начинают накапливаться в возрасте примерно девяти лет.

8. **Неспособность к обучению состоит из компульсивных решений, которые приобретает индивидуум.** Компульсивные решения — это мысленные подпорки, механическое запоминание, уловки или ухищрения, к которым прибегает человек, чтобы создать *впечатление* понимания. Они имеют мало общего, если вообще имеют, с фактическим изучением или достижением понимания изучаемого материала.

9. **Эти компульсивные решения являются тем, что делает процесс обучения несостоятельным.** Используя компульсивные решения, человек

Как это можно определить?

мог научиться «читать» таким же образом, как попугай учится говорить — без какого-либо понимания содержания. Добавив еще некоторое число обходных мысленных процессов, человек может быть в состоянии расшифровать некоторое значение прочитанного материала. Но использование этих решений является утомительным процессом.

Взяв за основу данную анатомию процесса, мы можем определить характеристики мысленных функций, которые в конечном итоге дают различные уровни дислексии: способность создавать невербальные концептуализации и способность дезориентировать восприятие.

ГЛАВА 23: Симптомы дезориентации

Симптомы — это первые явления, которые привлекают внимание и вызывают подозрение о наличии неспособности к обучению. Нам следует знать «известные» симптомы или хотя бы понимать характер проблемы до того, как мы сможем ее определить.

Все симптомы дислексии — это симптомы дезориентации. Дислексию саму по себе нельзя распознать наверняка, а дезориентацию можно. Когда человек находится в состоянии дезориентации, его восприятие становится искаженным. То, что мысленно воспринимается как реальное, не соответствует действительным фактам и состояниям окружающей обстановки. Основные ощущения, которые подвергаются искажениям, — это зрение, слух, равновесие, движение, время. К

Симптомы дезориентации

обычным примерам проявления дезориентации относятся тошнота при движении, ощущение падения, когда человек находится на лестнице или на краю скалы, состояние, при котором человек «что-то слышит», и ложное ощущение движения, иногда испытываемое людьми, когда они сидят в стоящем транспорте и видят, как движется другое транспортное средство по соседству.

Находясь в состоянии дезориентации, человек не воспринимает одну и ту же «реальность» так, как ее воспринимают другие и он не осознает, что то, что он воспринимает, не является реальным.

Тысячи различных симптомов неспособности к обучению могут быть результатом дезориентации. Сложность и степень воздействия на каждый вид ощущений разные у разных людей и в разные периоды времени. Ниже приводятся некоторые из наиболее распространенных симптомов дезориентации, которые сгруппированы по чувственным восприятиям, подвергшимся наибольшему воздействию:

Зрение

- Форма и последовательность букв или цифр оказывается измененной или представленной в зеркальном изображении.
- Орфография неправильная или непоследовательная.
- Слова или строки пропускаются при чтении или письме.
- Создается впечатление, что буквы и цифры двигаются, исчезают, вырастают или сжимаются.
- Знаки препинания или заглавные буквы пропускаются, игнорируются или их не видно.
- Слова и буквы пропускаются, изменяются или заменяются при чтении или письме.

Слух

- Трудно произнести некоторые звуки речи.
- Воспринимаются «ложные» звуки.
- Оказывается, что человек не слушает или не слышит того, что сказано.
- Звуки воспринимаются тише, громче, ближе или дальше, чем они есть на самом деле.

Равновесие / движение

- Тошнота или головокружение при чтении.
- Плохое чувство направления.
- Неспособность сидеть без движения.

Симптомы дезориентации

- Сложности с почерком.
- Проблемы с равновесием и координацией.

Время

- Гиперактивность (повышенная активность).
- Гипоактивность (пониженная активность).
- Трудно выучить математические концепции.
- Трудно приходить вовремя и определять время.
- Чрезмерная мечтательность.
- Легко теряется ход мыслей.
- Проблемы с последовательностью (расположением вещей в правильном порядке).

Компульсивные решения

Существуют сотни компенсирующих типов поведения схем и умственных уловок, которые человек может придумать или заимствовать в виде компульсивных решений для неразрешенного состояния замешательства, которое замедляет или останавливает способность обучения. Вот некоторые из наиболее широко распространенных:

- Пение «алфавитной песенки» вслух или мысленно.
- Предельная концентрация при чтении.

- Зазубривание.
- Необычные положения тела и движения.
- Зависимость от других.
- Произносится каждая буква каждого слова.
- Уклонение от учебы.

У одного человека может наблюдаться любая комбинация симптомов и типов поведения, представленных в приведенных выше пяти списках, тогда как другие могут полностью отсутствовать.

Оценка способностей

Помимо обнаружения симптомов, которые показывают отрицательные аспекты дезориентации, мы можем также определить наличие четырех основных общих способностей многих дислектиков. Эти таланты составляют, как правило, часть дара дислексии.

1. Способность намеренного доступа к функции мозга, выполняющей искажение восприятия.
2. Способность сознательной визуализации мысленных образов в трехмерном измерении и перемещения вокруг них в мысленном пространстве.

Симптомы дезориентации

3. Способность воспринимать самосозданные мысленные образы как явления реального мира; иными словами, способность воспринимать воображение как реальность.
4. Склонность или предпочтение мыслить невербально, используя образы концепций и понятий, при небольшом внутреннем монологе или без него.

Если таковые имеются и человек проявляет симптомы неспособности к обучению, мы можем с уверенностью допустить, что симптомы являются результатом дезориентации. Мы можем использовать результаты нашей оценки, чтобы определить лучший способ для начала решения проблемы дезориентации.

Прежде чем мы займемся поэтапными процедурами оценки и коррекции, необходимо дать определение еще одной концепции. Она объясняет, что в действительности человек делает для того, чтобы активизировать функцию мозга, выполняющую дезориентацию.

ГЛАВА 24: Умственный глаз

Сделанное мною в декабре 1980 года открытие явилось результатом следующего наблюдения: я заметил, что, когда мои творческие способности проявлялись наилучшим образом, я находился в самом тяжелом состоянии дислексии. Поскольку мои симптомы не были постоянными, это заставило меня подвергнуть сомнению предположение, что дислексия происходит из структурных нарушений или из дисфункции мозга.

Исследуя то, как я смотрел на вещи в моменты творчества, я обнаружил, что в периоды творческого мышления я смещал местоположение точки обзора «того, что смотрело» на мои мысленные образы. Я обнаружил, что, играя с различным местоположением «того, что смотрело», я мог осознанно увеличивать или уменьшать степень проявления симптомов своей дислексии.

Поскольку я не мог найти термина для этого «наблюдателя», я сначала выдумал термин «эпицентр визуального осознания». *(Прим. переводчика: VAE — visio-awareness epicenter).*

На тот момент это казалось технически правильным соединением основных концепций в словесном выражении, но я предпочитал нечто более простое. В результате я стал использовать термин «умственный глаз», который в словарях определяется как «воображение».

Позже я обнаружил, что то, что я назвал умственным глазом, было также мысленным эпицентром других восприятий, таких как звук и ощущение равновесия и движения. Так что абсолютно правильным термином мог бы быть термин «умственный эпицентр восприятия». Однако я решил остановиться на термине «умственный глаз», потому что это более легкая концепция для человеческого понимания. Возможно, еще и потому, что зрение является преобладающим восприятием и тем восприятием, которое приносит дислектику наибольшее число проблем.

Мысленная точка обзора

Важно отметить, что в методиках Дейвиса человек не видит и не смотрит *в* «умственный глаз» или *через* него или *на* него, а также не получает ощущения подобным образом. Человек видит или смотрит *с помощью* «умственного глаза», или *из* него, или *изнутри* его.

Очевидно, что если вы смотрите *на* что-то, то вы должны на него смотреть *из* какой-то точки. Иными словами, если вы выглядываете из своих глаз, то вы не видите своего собственного лица. Вы можете видеть только его отражение в зеркале или его фотографию, но не само лицо, потому что именно из него вы смотрите. Подобным образом «умственный глаз» не может воспринимать самого себя. Он может воспринимать только то, что находится вне его, независимо от того, существует ли это в разуме в виде концепции или он в реальном мире в виде объекта.

Когда вы смотрите на мысленный образ, например, представляемое в воображении событие или мечту, «умственный глаз» — это то, с помощью чего вы смотрите, от чего или из чего вы смотрите.

Определение местоположения умственного глаза

У умственного глаза действительно есть свое местоположение. Вернее, у него много возможных местоположений. Место умственного глаза определяется намерением, желанием либо восприятием его владельца.

Если это звучит как сверхъестественная или метафизическая концепция, пожалуйста, помните, что дислектики могут ощущать свои мысленные образы как фактическое восприятие. Таким образом, если они помещают умственный глаз в определенное место, то приобретают способность ощущать свое восприятие из этой точки обзора.

Когда люди с дислексией смотрят на букву алфавита и дезориентируются, то в течение доли секунды они видят десятки различных видов — верх, стороны и заднюю часть буквы. Иными словами, умственный глаз мысленным образом вращается вокруг буквы, как если бы она была объектом в трехмерном пространстве. Это можно сравнить с вертолетом, кружащим в небе и ведущим наблюдение за зданием. Вот так тяжело работает функция дезориентации, пытаясь распознать объект.

Находится ли умственный глаз там в «реальном» мире, вращаясь вокруг буквы и перемещаясь за страницей книги? Происходит ли у человека внетелесное переживание? Или ум человека вырабатывает стимулы восприятия, необходимые для создания этих многочисленных образов? На самом деле я не в курсе, просто знаю, что это происходит.

Исключение метафизических вопросов

Мысль о перемещении точки обзора может звучать мистически, как если бы это было некоторым экстрасенсорным восприятием. Данное явление можно было бы объяснить любым количеством теорий, включая концепцию квантовой физики, заключающуюся в том, что восприятие само оказывает воздействие на воспринимаемый объект. Другим объяснением может быть некоторый вид восприятия, который еще не определен, например, гидролокатор, дающий дельфинам трехмерный мысленный образ окружающих их объектов и даже позволяющий им передавать эти образы другим дельфинам. Это явление также можно было бы себе представить, как некоторый вид воображения, когда человек мысленно создает многочисленные образы воспринимаемого объекта или символа.

Простой факт заключается в том, что умственный глаз действительно обладает многомерным восприятием и если дислектик научится, как регулировать его положение, то сможет получить точное восприятие двухмерных символов. Тысячи людей улучшили свои навыки чтения и письма, обучившись методам, описанным в последующих главах.

Если понятие перемещения мысленной точки обзора в пространстве звучит для вас неестественно, то это, вероятно, потому, что вы не дислектик. Когда я впервые объясняю данную концепцию дислектикам, то большинство из них однозначно говорят: «Это именно то, что я делаю!».

Человек естественным образом располагает свой умственный глаз в разных выгодных ему позициях в зависимости от ситуации. У танцоров и спортсменов (две любимые профессии дислектиков) умственный глаз обычно находится над их телом — удобная выгодная позиция.

Не вступая в теоретическую дискуссию о характере реальности, давайте просто скажем, что, если человек подсознательно заставляет умственный глаз блуждать, он ощущает многомерность восприятия как реальность.

Как найти выключатель

Человеку с дислексией нужно научиться включать и выключать дезориентацию. Одним из способов достижения этого является сознательное позиционирование умственного глаза. Если его передвинуть в определенное место, то человек перестает находиться в состоянии дезориентации и может воспринимать внешний или «реальный» мир правильно. Человек становится ориентированным.

Положение умственного глаза, оптимальное для ориентации, было обнаружено методом проб и ошибок. Оно отличается у разных людей и со временем может несколько меняться, но при этом находится в пределах определенного места в пространстве. Местоположение для ориентации находится на расстоянии от несколько дюймов до фута выше головы и позади нее на линии симметрии тела. Человек, который учится перемещать свой умственный глаз в свою, как я ее называю, «точку ориентации», научился отключать искаженное восприятие, присущее дислексии.

Процедура «Оценка способности восприятия по системе Дейвиса», описанная в следующей главе, применяется для того, чтобы определить, обладает ли человек способностью легко перемещать умственный глаз и видеть мысленный образ различных точек обзора в пространстве. Иными словами, может ли человек создавать дезориентацию преднамеренно? Процедура «Консультация Дейвиса для ориентации», описанная в главе 27, применяется для того, чтобы научить человека контролировать положение умственного глаза и перемещать его в оптимальную точку обзора для восприятия реального мира, особенно для чтения. Если человеку неудобно намеренно перемещать умственный глаз, тогда мы можем выбрать другую процедуру, называемую «Выравнивание по методу Дейвиса», для достижения того же результата.

Целью «Консультации для ориентации» либо «Выравнивания» не является предотвращение дезориентации у человека, потому что дезориентация — это ценный талант. Методика «Консультации для ориентации» либо «Выравнивание» учит человека включать и выключать дезориентацию по своей воле. Попрактиковавшись немного, человек получит доступ к мысленному включению/ выключению дезориентации и сможет легко пользоваться этим выключателем.

ГЛАВА 25: Выполнение процедур Дейвиса

Эта книга не самоучитель, не руководство для оказания помощи самостоятельно; обязательно нужен инструктор или помощник. Процедуры «Консультации для ориентации» и «Выравнивание» разработаны не в качестве упражнений типа «читай и делай сам», потому что ваше внимание будет слишком рассеяно для обеспечения эффективности процесса. Вы можете научиться методике и процедурам, чтобы помочь другому их выполнить, но никак не самому себе. Если вы хотите сами пройти через одну из процедур, попросите кого-то прочитать ее и попрактиковаться в применении, а потом пусть этот человек проведет вас через нее. Таким образом вы сможете расслабиться и просто делать все необходимое.

Выполнение процедур Дейвиса

Все процедуры в последующей главе представляют собой основные методы, которые успешно помогли взрослым и детям с дислексией с тех пор, как в 1982 году был открыт «Центр коррекции дислексии» при «Консультационном Центре по исследованию проблем чтения». Программа коррекции дислексии по системе Дейвиса предполагает интенсивную реализацию этих методов в течение пяти или шести часов в день на протяжении пятидневного курса занятий. Метод «Освоение символов» на словах-пускателях начинается во время программы, затем завершается дома с одним из родителей, с супругом или наставником. Интенсивный план занятий доказал свою целесообразность для достижения быстрых и эффективных результатов. При плане занятий только один час в день или один час в неделю тоже достигаются хорошие результаты, но общее количество требуемого времени будет больше вследствие потери темпа между занятиями. Если выполнять только отдельные части программы, то общая цель реальной коррекции дислексии не будет достигнута.

Чтобы обрести уверенность в выполнении процедур, следует прорабатывать их вслух с другом или тренироваться самостоятельно. Прочитайте объяснения и напишите на листке бумаги этапы выполнения, представляя в уме и записывая возможные ответы.

Достаточно ли я подготовлен для этого?

Если вы образованный человек и действительно хотите помочь кому-то преодолеть проблемы в чтении, письме и учебе, то ответ будет «да». Наличие желания потратить свое время на индивидуальное занятие с подопечным и получить положительную обратную связь — главная квалификация для применения этих процедур. Учителя должны относиться к этим процедурам просто как к упражнениям. Они не приносят вреда. Если они проводятся неправильно, то в худшем случае это может вызвать небольшое головокружение, которое исчезнет после того, как ученик немного прогуляется или перекусит. Родителям эти процедуры могут показаться трудными только в том случае, если они изначально не получили согласия своего ребенка принимать в этом участие или если они осуществляют какое-то давление или принуждение.

Маленькие дети и дислектики старшего возраста

«Консультация для ориентации» и «Выравнивание Дейвиса» дополняют «Освоение символов». Однако у них разные цели. «Консультация для ориентации» и «Выравнивание Дейвиса» корректируют восприятие. «Освоение символов» корректирует дислексию.

Также обнаружилось, что методика «Освоение символов» является подспорьем к различного рода занятиям, которые развивают творческие способности и речевые навыки. Дети в возрасте до семи или восьми лет (в зависимости от скорости взросления) обычно выдают лучшие результаты, если начинать с ними занятия с методики «Освоение символов». Детей младшего возраста можно учить элементарным цифрам и алфавиту, вылепливая символы из пластилина. Базовый словарный запас программы чтения от подготовительной группы детского сада до 2 класса школы можно преподавать, применяя методику «Освоение символов», таким образом изучая и значения слов. Для применения этой методики обучения дети не обязательно должны быть дислектиками — она хорошо работает для всех. Так что получайте удовольствие также и от нее!

Позже можно будет учить детей, у которых

развиваются симптомы дислексии, применяя методику «Ориентация» или «Выравнивание», когда они будут к этому готовы — примерно в возрасте семи лет для тех, у которых дислексия начинает развиваться рано, и в возрасте девяти лет для детей с более поздним развитием дислексии.

Как общее правило, большинство дислектиков в возрасте восьми лет или старше должны начать либо с процедуры «Консультация для ориентации», либо с процедуры «Выравнивание», потому что они уже испытывают фрустрацию из-за сложностей с чтением, письмом и орфографией. Частью дара дислексии является тенденция спонтанной дезориентации в состоянии замешательства. Такой способ мышления срабатывает у дислектика как автопилот и необходимо сделать так, чтобы им можно было осознанно управлять. «Консультация для ориентации» либо «Выравнивание» обеспечит человеку точное и последовательное восприятие всех явлений, касающихся языка и навыков общения.

Порядок процедур

Начинайте с процедуры «Оценка способности восприятия». Это покажет вам, использовать ли процедуру «Консультация для ориентации» или процедуру «Выравнивание» в качестве инструмента для отключения дезориентаций. Вам также следует провести собеседование с человеком, чтобы выяснить, в каких именно трудных для него областях он хочет достичь улучшений. Даже если вы думаете, что уже знаете, в чем человек хочет получить помощь, все равно следует задать ему ряд вопросов. Таким образом он должен выразить свои затруднения. Родители часто удивляются, обнаружив, что вовсе не чтение является важным для их ребенка, а, например, то, как «лучше играть в бейсбол» или «заводить друзей». Применяя творческий подход, родители или учителя могут помочь ребенку стать лучше и в том, и в другом, используя методы Дейвиса.

Если оценка способности восприятия показывает, что человек может создавать мысленные образы и без проблем перемещать свой умственный глаз, то следующим шагом является «Консультация Дейвиса для ориентации» (глава 27). Если оценка способности к восприятию показывает, что у человека есть какие-либо трудности с созданием мысленных образов или перемещением умственного глаза, соответствующим следующим шагом является процедура «Выравнивания». После завершения процедуры «Ориентации» или «Выравнивания» выполните упражнение на чтение, чтобы попрактиковаться в использовании освоенных навыков. Это позволит сразу же выявлять и отключать дезориентацию. Затем выполните «Настройку шкалы» (глава 31), чтобы установить и поддерживать надлежащие уровни энергии для выполняемых действий. При необходимости примените методику «Разрядка» (глава 28), чтобы предотвратить «удерживание» и головные боли.

После занятия по методике «Ориентация» вы будете готовы применить основные этапы методики «Освоение символов», которые подробно описаны в главе 31.

Если используется метод «Консультации Дейвиса для ориентации», на протяжении следующих двух или трех дней примените методику «Проверка Ориентации» (глава 28) в самом начале дня, чтобы убедиться в том, что точка ориентации находится в правильном месте. На третий или четвертый день примените методику «Точная настройка» (глава 29). По мере продолжения занятий попеременно делайте упражнения по методикам «Освоение символов» и «Прочитать по буквам». Как только ученик освоит все основные символы языка, переходите к словам. После того как ученик ознакомится с методикой «Освоение символов» на словах (глава 35) и будет легко это делать, ему надо будет освоить весь список маленьких слов. Лучше всего это делать в течение нескольких месяцев по два или три определения за один раз.

Советы по методике «Освоение символов»

Отнеситесь к этой процедуре как к приключению или игре, а не как к работе. У ученика должно быть желание улучшить свою способность использовать письменный язык. Возможно, вы захотите обсудить с ним преимущества умения читать.

Избегайте критиковать художественные достоинства моделей из пластилина, которые вылепил ученик, и сами не исправляйте их. Чтобы поощрить точность и самокоррекцию, покажите свою заинтересованность с помощью, к примеру, следующих фраз:

«Проверь и посмотри, является ли эта буква такой же, как в примере».

«Если бы ты не собирался ничего говорить или показывать руками, пластилин сказал бы это все?»

«Мне не совсем это понятно. Не можешь ли ты показать это более точно?»

«Ты удовлетворен тем, как это выглядит?»

Когда ученики впервые обучаются методике «Освоение символов», они могут не осознать концепцию в полной мере как свою собственную. Им может потребоваться повторить этапы по определенному слову или концепции. Но как только они привыкнут к этому, однократного освоения определения будет достаточно.

Нет необходимости в механическом повторении или в проверке. Как только что-то было сделано хорошо, на этом все и заканчивается. Похвалите ученика и переходите к следующему этапу. Доверяйте процессу в выполнении работы. Доказательство придет в виде повышения самооценки, более сильного желания читать и постепенного улучшения навыков обучения.

Вы можете осваивать слова из списка маленьких слов, выбирая их произвольно, в любом порядке, возвращаясь для добавления других определений. Одним из даров дислексии является способность преодолевать затруднения автоматически. Воспользуйтесь этим преимуществом. Делайте частые перерывы на несколько минут. Это позволит знаниям откладываться и предотвращает скуку. Поддерживайте атмосферу удовольствия и приключения. Это самый лучший способ, стимулирующий настоящее обучение.

ГЛАВА 26: Оценка способности восприятия

Ниже описывается процедура оценки ровно так, как ее изучают на рабочих семинарах по контролю за ориентацией по системе Дейвиса. Она предназначена для определения, является ли человек с неспособностью к обучению или другой связанной с восприятием проблемой кандидатом на применение процедуры «Консультация для ориентации» или процедуры «Выравнивание». Такая оценка применима и для детей, и для взрослых. Обычно мы не проводим ее с детьми младше семи лет, потому что, как правило, только в этом возрасте дислексия начинает проявлять себя.

Определение оценки имеет форму сценария, но нет необходимости следовать какому-либо жесткому алгоритму после того, как вы определили вашу цель.

Почти любой человек, у которого есть уникальные способности восприятия, характерные для дислектика, должен легко выполнять данное упражнение.

Тем не менее, некоторые дислектики естественно развивают более сильное кинестетическое или тактильное чувство, чем визуальное. В результате у них могут возникнуть трудности с созданием, хранением или манипулированием умственными образами. Также могут быть проблемы с перемещением умственного глаза и возможно, что «старое решение» блокирует процесс создания образов или их видения (см. главу 5). Кроме того, состояние стресса, физическое заболевание и определенные медикаменты также могут тормозить умственное восприятие. Для таких людей подойдет ориентационная процедура «Выравнивание».

Оценка способности восприятия по системе Дейвиса

1. Приветствие и знакомство:

Поздоровайтесь с человеком и представьтесь. Соответствующим образом объясните характер оценки.

Оценка способности восприятия

2. Разъяснение концепции:

Что говорить:	Что делать:
Ты правша или левша?	*Запишите ответ, чтобы в дальнейшем воспользоваться этой информацией.*
Меня интересует твое воображение. В основном та часть твоего мышления, где ты можешь закрыть глаза, создать образ чего-либо и видеть этот образ. Это понятно?	*Если «да», продолжайте. Если «нет», продолжайте объяснение, попросив его представить что-либо, что ему нравится, причем глаза должны быть закрыты.*
	Если ученик не может создать мысленный (воображаемый) образ, прекратите объяснения.

Что говорить:	Что делать:
	Нарисуйте две окружности на чистом листе бумаги.
Эта окружность — ты. Эта окружность — я.	*Укажите на одну из них. Укажите на вторую из них.*
Если ты смотришь *на* меня, ты смотришь *из* этого места.	*Постучите карандашом по первой окружности*
И ты смотришь в мою сторону или *на меня сюда*.	*Нарисуйте стрелку от первой окружности «ты» ко второй окружности «я».*
Пока мы смотрим глазами, мы точно знаем, из какого места мы смотрим.	*Укажите на свои глаза.*
А что если мы смотрим на изображение мысленно?	*Остановитесь на секунду.*
Мы делаем тоже самое. Мы смотрим на что-то из какого-то места.	*Укажите на окружность «я», когда вы говорите «на». Укажите на окружность «ты», когда вы говорите «из».*

Оценка способности восприятия

Что говорить:	Что делать:
Я хочу назвать место, из которого мы смотрим, УМСТВЕННЫЙ ГЛАЗ, потому что это он видит, когда мы что-то себе представляем.	*Убедитесь, что ваша мысль была понята.*
Именно он осуществляет процесс видения.	
Любишь ли ты торт?	
ПРИМЕЧАНИЕ: Большинство людей любят торт, так что в этом примере мы допустим, что ученик любит торт. Если ответ «нет», спросите о пироге, пицце или о любом другом предмете с четкими формами, который человек может легко себе представить.	
Какой торт самый вкусный?	*Запишите ответ, чтобы в дальнейшем можно было воспользоваться этой информацией:* _____ _____

3. Оценка

Посадите ученика прямо перед собой, достаточно близко, чтобы вы могли прикоснуться к его лбу, не вставая со стула, но не настолько близко, чтобы ученик чувствовал дискомфорт.

Что говорить:	Что делать:
Можно я буду дотрагиваться до твоих рук во время занятий?	*Получите его согласие.*
Нам понадобятся обе твои руки, поэтому положи их так, чтобы я мог до них дотронуться.	
«Закрой глаза». Я хочу, чтобы твои глаза были закрыты до тех пор, пока я не скажу тебе их открыть, хорошо?	
Возьмите ученика за руку, противоположную его доминантной руке (т.е. если он правша, возьмите его за левую руку, а если он левша — за правую). Положите его руку ладонью вверх на то место, где бы находилась читаемая им книга.	
Представь, что кусок торта находится прямо здесь у тебя в руке. Скажи мне, когда ты это представишь.	*Обратитесь к нему с просьбой, когда он скажет, что у него есть мысленный образ (если его глаза еще не закрыты).*

Оценка способности восприятия

Что говорить:	Что делать:
	Опишите торт так, как он его описал, точно употребляя его слова: «...большой кусок немецкого шоколадного торта или торт «Ангельская пища с зеленой глазурью»».

ПРИМЕЧАНИЕ: Если ученик не может мысленно увидеть предмет или ему сложно удержать его образ, вы можете или не настаивать на этом или же попытаться потренировать ученика, чтобы в результате создать этот образ. Трудности визуализации — это показатель того, что процесс предоставления рекомендаций по контролю за ориентацией будет представлять сложность для ученика.

Что говорить:	Что делать:
	Задавая простые вопросы, выясните, как располагается воображаемый предмет в руке. Продолжайте спрашивать, пока не получите четкого мысленного образа предмета, находящегося в руке у ученика.

Что говорить:	Что делать:
	Если вы не можете сделать мысленную копию воображаемого объекта, по крайней мере, осознайте его размер, форму и расположение.
	Возьмите указательный палец другой руки сидящего перед вами ученика и поместите его между вашим большим и указательные пальцем. Поднимите палец в точку, удаленную на несколько сантиметров ото лба, на уровень чуть выше уровня глаз.
Я хочу, чтобы ты переместил свое воображение и поставил свой умственный глаз туда, где находится твой палец, и чтобы он смотрел на кусок торта отсюда.	*Постучите по кончику его указательного пальца своим указательным пальцем, когда вы говорите «отсюда».*

Оценка способности восприятия

Что говорить:	Что делать:
Это как будто ты немножко поднимаешься и получаешь другой вид торта отсюда.	Опять постучите. Подождите несколько секунд.
Ты видишь торт отсюда?	Опять постучите.
«Посмотри на кусок торта отсюда». (Постучите пальцем).	ПРИМЕЧАНИЕ: Если ученик не может легко сделать это первое перемещение, не продолжайте. Переходите к этапу 4, заканчивая оценку. Объясните, что оценка закончена и что рекомендации по контролю за ориентацией ему не показаны.
Я хочу, чтобы ты держал свой Умственный глаз у себя на пальце, я буду перемещать твой палец и хочу, чтобы твой умственный глаз перемещался вместе с ним. Хорошо?	ПРИМЕЧАНИЕ: Не перемещайте палец, когда даете указания или объяснения. Сначала закончите говорить, а потом перемещайте палец; сначала переместите палец, а потом начинайте говорить.

Что говорить:	Что делать:
	Перемещайте палец медленно плавно в надлежащее положение рядом с открытой рукой. Палец должен все время находиться на том же расстоянии от открытой руки, что и глаза.
Видишь ли ты торт отсюда?	*Постучите по пальцу.*
	Получив ответ «да», задавайте вопросы, требующие словесного ответа. Обратите внимание на промежуток времени, потребовавшийся для ответа, как менялась скорость произношения слов, были ли какие-нибудь проявления замешательства или дезориентации.

Оценка способности восприятия

Что говорить:	Что делать:
	Если вы удовлетворены, считая, что ученик действительно сместил умственный глаз в новое положение, вы можете перейти к этапу 4 и закончить оценку в любой момент времени.
«Видишь ли ты кусок торта отсюда?»	*А если вы не уверены в том, что перемещение умственного глаза действительно произошло, переходите к следующему этапу.*
Я хочу опять переместить твой палец. Я хочу, чтобы твой умственный глаз переместился вместе с твоим пальцем. Хорошо?	*Перемещайте палец медленно и плавно немного дальше от открытой руки. Не перемещайте палец на расстояние более расстояния около открытой руки, выше или ниже ее.*
Видишь ли ты торт отсюда!	*Опять постучите по пальцу.*

Получив ответ «да», опять задавайте вопросы, обращая внимание на подтверждения того, что ученик на самом деле переместил свой умственный глаз. Он должен видеть мысленное (воображаемое) изображение из точки обзора на кончике своего пальца, как если бы он смотрел на объект из этого положения. Повторяйте этот процесс перемещения умственного глаза и задавайте вопросы до тех пор, пока вы не убедитесь в том, что умственный глаз был действительно смещен.

5. Завершение оценки

Что говорить:	Что делать:
Я хочу, чтобы ты вернул свой умственный глаз обратно на то место, где он был, когда мы только начали заниматься. Я хочу, чтобы у тебя был первоначальный вид куска торта.	*Медленно и плавно переместите палец к тому глазу ученика, который соответствует доминантной стороне его тела. Когда палец приблизится к глазу на расстояние приблизительно пять сантиметров, остановитесь.*
Убери умственный глаз с пальца и восстанови первоначальный вид куска торта.	*Подождите несколько секунд.*

Оценка способности восприятия

Что говорить:	Что делать:
Ты восстановил первоначальный вид?	*Получив ответ «да», переместите палец по направлению к колену и отпустите его.*
Сделай так, чтобы кусок торта исчез, и скажи мне, когда это случится.	
ПРИМЕЧАНИЕ: Если у него есть трудности в устранении объекта, пусть он сделает «обратную вспышку», быстро открыв и закрыв глаза. Когда образ объекта исчезнет, коснитесь ладони открытой руки.	
Положи в свою руку другой кусок торта и скажи мне, когда он у тебя там появится.	
ПРИМЕЧАНИЕ: Причина создания второго изображения с последующим его устранением заключается в необходимости убедиться в том, что умственный глаз вернулся в свое первоначальное положение так, чтобы ученик не остался в состоянии дезориентации.	
Сделай так, чтобы этот кусок торта исчез, и когда он исчезнет, открой глаза.	*Когда его глаза открыты, переместите открытую ладонь к колену и отпустите ее.*

Если у человека возникнут какие-либо трудности с выполнением какой-либо инструкции по этой оценке, эта же трудность помешает ему выполнить любой из аналогичных этапов процедуры «Консультации для ориентации». Поэтому не надо пытаться проводить «Консультацию для ориентации» с ним; правильная процедура для него — это «Выравнивание».

ГЛАВА 27: Переключение

Если у человека есть дислексия, то процесс ее коррекции начинается с обеспечения контроля за искажениями восприятия. Это означает научиться тому, как сознательно включать и выключать дезориентацию. Симптомы дислексии — это симптомы дезориентации, так что как только дислектик узнает, как выключать дезориентацию, он сможет также выключать и ее симптомы.

Как только дезориентация будет выключена, у человека перестанут вырабатываться симптомы дислексии. Может показаться, что проблема решена, но ориентация — это только первый шаг в процессе коррекции.

Если «Оценка способности восприятия» показала, что надлежащей процедурой ориентации является процедура «Консультация Дейвиса для ориентации», используйте эту процедуру.

Обычно требуется меньше часа для того, чтобы провести с человеком первое занятие по методике «Консультация Дейвиса для ориентации». В конце успешной консультации, при некоторой помощи в распознании проявлений дезориентации по мере их возникновения, обычно наблюдается существенное улучшение навыков чтения. Может показаться, что только что произошло какое-то волшебство или чудо, но вы, фактически, видите только настоящие возможности человека без воздействия на них дезориентации. Мы зарегистрировали случаи, когда в результате применения только методики «Предоставление рекомендаций по контролю за ориентацией» подростки сразу же улучшили свои навыки чтения в объеме уровня целых восьми классов.

Может возникнуть ощущение, что трудно научиться процессу, который дает такой значительный эффект. На самом деле дислектики осваивают его очень легко, так как давно уже применяют. Они просто не осознавали того, что делали. «Предоставление рекомендаций по контролю за ориентацией» позволяет им понять способность, которая у них уже есть, и дает им инструменты управления ею.

Изложенная ниже процедура, при прочтении

Переключение

может звучать как упражнение по визуализации. Но при должном ее применении результаты могут быть почти волшебными. Надо всего лишь придерживаться нескольких правил.

1. Убедитесь, что человек является кандидатом на занятия по методике «Консультация для ориентации», сделав оценку его способности перемещать умственный глаз, для чего примените процедуру, описанную в предыдущей главе.
2. Убедитесь, что человек хочет быть участником процесса. Он должен делать это по собственной воле и с желанием. Обычно мы не применяем этот процесс к детям до семи лет, потому что они еще не осознали дезориентацию как проблему в школе. В той степени как они это понимают ничего исправлять не надо.
3. При проведении человека через все этапы поддерживайте дружескую и понимающую атмосферу руководства. Он не должен думать о том, что именно делает; он должен просто следовать указаниям.
4. Убедитесь, что человек, с которым вы занимаетесь, не является уставшим, голодным и не принимает слишком много

медикаментов, что мешало бы восприятию или мышлению.

Далее выполняются действия по сценарию первого занятия по методике «Консультация Дейвиса для ориентации» так, как это происходит в «Консультационном центре по исследованию чтения». Правильное проведение дало успешный результат в 97% случаев. Если вы не получаете результатов, то, вероятно, не выполняете одно из четырех указанных выше правил.

Как и при процедуре «Оценка способности восприятия», вам рекомендуется говорить также своими словами.

Консультация Дейвиса для ориентации.
Процедура первого занятия.

1. Приветствие и знакомство

Поздоровайтесь с человеком и установите контакт. Соответствующим образом объясните задачу и цель процедуры, как это указано в начале главы.

2. Разъяснение концепции:

Если у вас нет данных, полученных на занятии по оценке способности восприятия, вы должны выяснить какая рука у человека доминантная и какой предмет ему легко представить в уме. Или же воспользуйтесь образом того же куска торта или предмета, который использовался при первоначальной оценке.

Объясните концепцию ориентации как такое состояние, когда человек ставит себя в должное положение относительно действительных фактов и состояний окружающей его обстановки.

Объясните, что дезориентация — это состояние, при котором мозг не принимает того, что видят глаза или что слышат уши; чувства равновесия и движения изменены и чувство времени либо замедлено, либо ускорено.

Что говорить:	Что делать:
Прежде чем начать занятие, я вкратце объясню, что мы собираемся делать.	*Возьмите лист бумаги и посадите ученика так, чтобы он хорошо его видел.*

Что говорить:	Что делать:
Вначале я покажу это на бумаге, а потом мы будем это делать шаг за шагом. Хорошо?	
«Я нарисую для тебя именно то, что мы собираемся делать, так чтобы ты знал, чего ожидать».	
Есть две причины, по которым мы начинаем с краткого объяснения всего процесса. Первая — чтобы ты знал, что будет происходить, так чтобы не было никаких неожиданностей. Вторая — чтобы точно знать, что ты понимаешь то, что я попрошу сделать.	

Переключение

Что говорить:	Что делать:
Я очень прошу, чтобы ты не выполнял никаких действий в то время, когда я тебе показываю что-либо на бумаге. Это только внесет путаницу. Просто смотри и слушай. Если есть вопрос, спрашивай.	*Напишите на бумаге имя ученика, свое имя, дату, название процесса, предмет, используемый для визуализации, а также укажите, какая рука у ученика доминантная.*
После того, как мы закончим работать на бумаге, мы пройдем весь процесс шаг за шагом. Хорошо?	
Это два вида одной и той же головы, если смотреть на нее сверху и сбоку.	*Нарисуйте на листе бумаги две окружности. Из одной сделайте вид головы сверху. Из другой — вид головы сбоку.*

Что говорить:	Что делать:
Как и в процедуре оценки, я прошу тебя представить кусок торта у себя в руке.	*Перед обоими видами нарисуйте объект для визуализации (кусок торта, используемый при процедуре оценки). Перед видом головы сбоку объект должен находиться ниже уровня глаз под углом примерно 45° относительно линии взора.*
Потом мы сместим твое воображение и поставим твой умственный глаз на твой палец, отведем его в сторону, и ты будешь смотреть на кусок торта отсюда.	*Поставьте «X» рядом с видом головы сверху, чтобы показать, где находится умственный глаз (справа, если человек правша).*

Переключение

Что говорить:	Что делать:
После того, как ты расположил свой умственный глаз у себя на пальце, представь линию, идущую от куска торта прямо через твою голову. Линия пойдет от куска торта в твой нос, пройдет через голову и выйдет примерно на 30 см выше головы и позади нее.	*Начертите прямую линию, идущую от предмета через вид головы сверху.* *Продолжите линию так, чтобы она вышла далеко за заднюю часть головы.*
	На рисунке — вид головы сбоку, начертите прямую линию, идущую от предмета через кончик носа, через голову, и продолжите линию так, чтобы она вышла за пределы верхней задней части головы.

Что говорить:	Что делать:
После того, как ты начертишь эту линию, мы переместим твой умственный глаз так, что он будет находиться в нескольких сантиметрах над твоей головой и позади нее, и мы поставим его на линию. Хорошо?	*Поставьте «X» на каждой линии, проходящей через голову, на обоих видах головы.*
Ты знаешь принцип работы якоря? У тебя есть тяжелый груз, и ты привязываешь к нему веревку или цепь. Ты привязываешь веревку к лодке и бросаешь якорь в воду.	

Переключение

Что говорить:	Что делать:
Якорь погружается в ил или цепляется за камень или еще за что-нибудь и, когда веревка сильно натягивается, она удерживает лодку и не дает ей двигаться. Правильно?	*Убедитесь, что ученик понял концепцию.*
Мы будем использовать такой же принцип якоря. Когда твой умственный глаз будет находиться в правильном месте на линии выше и позади твоей головы, мы проведем якорные линии к верхней части каждого уха и закрепим их.	

Что говорить:	Что делать:
Затем мы проведем третью якорную линию к верхней части головы также закрепим ее. Затем мы «потянем» три якорные линии и соединим всех их прямо в той точке, где находится твой умственный глаз.	*Чертите три якорные линии на бумаге, когда вы это объясняете.*
Пока что нет вопросов?	
После того, как нарисованы три якорные линии, тебе больше не потребуется линия, идущая к куску торта, так что ее можно стереть, и она исчезнет. Кусок торта тебе тоже больше не потребуется, так что его тоже можно стереть.	*Чтобы показать процесс стирания, зачеркните волнистой линией длинную линию и предмет на ее конце.*

Переключение

Что говорить:	Что делать:
То, что у тебя останется — это три якорные линии, которые сходятся и образуют точку выше твоей головы и позади нее.	*Отдельно, в другом месте на листе, нарисуйте три линии, которые сходятся в одной точке. Обведите кружком точку, образующуюся в месте пересечения линий.*
Точку, в которой сходятся линии, мы назовем ТОЧКОЙ ОРИЕНТАЦИИ. Это то место, где линии заканчиваются.	

Что говорить:	Что делать:
Мы называем линии якорными линиями не потому, что мы хотим с их помощью закрепить там умственный глаз, что в любом случае сделать невозможно, а потому, что мы хотим закрепить там это место так, чтобы это было все время одно и то же место.	
Пока что нет вопросов?	

Что говорить:

Что нас на самом деле интересует, так это группа клеток мозга, расположенная в средней его части и отвечающая за дезориентацию. Когда эти клетки мозга выключаются, наш мозг получает в точности то, что видят наши глаза и то, что слышат наши уши в данный момент. Наше чувство равновесия и движения правильное и наше чувство времени правильное. Когда эти клетки мозга включаются, наш мозг не получает то, что видят наши глаза, он получает то, что, по нашему мнению, видят наши глаза. Наш мозг не получает то, что слышат наши уши, он получает, что они слышат по нашему мнению. Наше ощущение равновесия и движения меняется, и наше внутреннее чувство времени может либо ускориться, либо замедлиться. Что нам действительно нужно, так это ВЫКЛЮЧАТЕЛЬ этих клеток мозга. Им и является точка ориентации. Это выключатель дезориентации.

Что говорить:	Что делать:
Чтобы воспользоваться этим выключателем, надо просто поставить умственный глаз в эту точку ориентации и эти клетки мозга *выключатся*.	*Нарисуйте «Х» внутри кружочка, в котором сходятся три отдельные линии.* 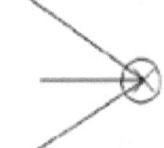
Если твой умственный глаз находится в этом месте, клетки мозга выключены. Но если происходит что-то, что может вызвать дезориентацию, умственный глаз там не остается, он перемещается.	*Нарисуйте три дополнительные сходящиеся линии и поставьте «Х» в точке, в которой они сходятся.* 

Что говорить:	Что делать:
Так что происходит смещение, и мы дезориентируемся. Раньше, если мы долго ждали или уходили гулять, или делали что-то другое, не то, что мы делали, когда была вызвана дезориентация, в конце концов наш умственный глаз возвращался, и с нами опять все было хорошо; до тех пор, пока что-то другое не становилось причиной дезориентации.	*Начертите стрелочку, выходящую из точки в сторону.*

Переключение

Что говорить:	Что делать:
Когда у нас есть точка ориентации, мы можем сознательно вернуть умственный глаз обратно, поставить его в точку и устранить дезориентацию. Нам не нужно ждать или заниматься чем-либо другим или мучить себя. Просто если мы поставим умственный глаз обратно в эту точку, мы выключим дезориентацию. Это также устранит состояние замешательства и предотвратит ошибки. На данном этапе есть вопросы?	*Нарисуйте линию в направлении, обратном к точке, и повторите очертания знака «X».* 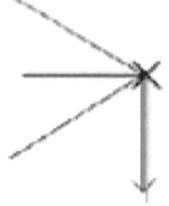 *Нарисуйте еще три линии, которые сходятся в одной точке, они должны быть длиннее и толще других.* 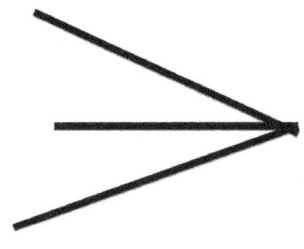

Что говорить:	Что делать:
Конечно, мы не можем видеть умственный глаз. Фактически он даже не может увидеть себя в зеркале. Он невидимый. Поэтому мы просто представим на минутку, что вот этот предмет и есть умственный глаз. Хорошо?	*Возьмите какой-нибудь маленький предмет (например, монетку) и держите так ее, чтобы ученик мог ее видеть.*
Когда мы дойдем до такого момента в занятии, когда ты сведешь в одну точку все три якорные линии, твой умственный глаз будет находиться точно в той точке, в которой линии сходятся.	*Поместите предмет прямо в ту точку на рисунке, в которой сходятся три линии.*
Впервые в жизни ты сознательно выключил клетки мозга, вызывающие дезориентацию.	

Переключение

Что говорить:	Что делать:
Проблема в том, что мы не можем хорошо научится делать что-либо, если мы это делаем только один раз.	
Итак, сейчас, когда наш умственный глаз находится в этой точке, мы найдем что-то в реальной жизни, что заставит твой умственный глаз соскочить с этой точки и вызвать у тебя дезориентацию.	*Выбейте предмет из точки, в которой сходятся линии*
Когда это произойдет, я не дам тебе смотреть на то, что вызвало этот скачок, и ты просто поставишь свой умственный глаз обратно в точку.	*Положите предмет обратно в точку, в которой сходятся линии.*

Что говорить:	Что делать:
Это выключит дезориентацию. Состояние замешательства уйдет. Потом я покажу тебе, что явилось причиной происшедшего.	
Потом мы найдем что-то другое, что вызовет этот скачок.	
Ты вернешь свой умственный глаз обратно; я покажу тебе, что заставило его соскочить, а потом мы сделаем это еще раз. Мы будем это делать снова и снова, пока ты не научишься возвращать свой умственный глаз в точку ориентации. Ты сможешь это делать быстро, легко и ты будешь знать, что ты это сделал.	*Выбейте предмет из точки, а потом положите его обратно в точку.*

Переключение

Что говорить:	Что делать:
Тогда у тебя появится способность выключать дезориентацию. Не имеет значения, что именно ее включило, ты просто поставишь свой умственный глаз в точку ориентации, и дезориентация ВЫКЛЮЧИТСЯ.	
Есть вопросы?	
Нам нужно рассмотреть еще один момент.	
	Укажите на одну из якорных линий на рисунке.
Мы называем это линией, потому что у нее есть длина. Как и у этой ручки или у этого карандаша есть длина. А что, если мы смотрим вдоль корпуса в конец ручки или карандаша?	*Возьмите ручку или карандаш. Направьте конец ручки или карандаша на глаза человека.*

Что говорить:	Что делать:
Он совсем не выглядит длинным, правда? Он выглядит как точка, не так ли?	
Если бы умственный глаз находился именно здесь, он бы не видел эти три линии как линии, не так ли?	*Когда вы говорите «именно здесь», укажите на то место на рисунке, в котором сходятся три линии.*
Он бы видел их как три точки или как одну точку, если бы все линии были соединены в одну. Ты согласен?	Нарисуйте одну точку, а также три точки, касающиеся друг друга.
Есть ли у тебя вопросы по поводу того, что мы собираемся делать? Если у тебя нет никаких (больше) вопросов, давай сделаем это!	

Переключение

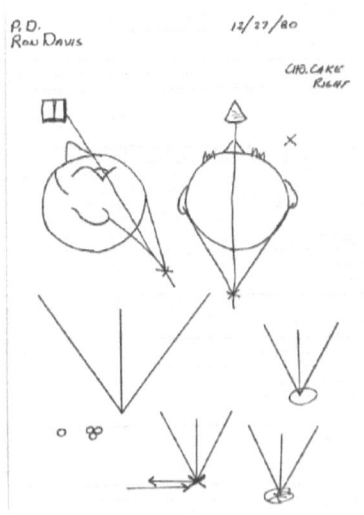

После окончания «Консультации по ориентации по системе Дейвиса» у вас на листе бумаги будет примерно такая схема.

3. Процедура

Что говорить:	Что делать:
	Посадите ученика перед собой достаточно близко, так, чтобы вы могли коснуться его лба, не вставая со стула. Не следует садиться очень близко, чтобы не вызвать у ученика состояние дискомфорта.

Что говорить:	Что делать:
Можно ли мне будет касаться твоих рук в процессе занятия?	*Получите согласие.*
Нам понадобятся обе твои руки, поэтому положи их так, чтобы я мог работать с обеими.	*Возьмите ученика за не доминантную руку (если он правша, возьмите его за левую руку, если левша — за правую). Положите руку ученика на стол ладонью вверх в то место, где бы находилась читаемая книга.*
Давай представим, что кусок торта находится прямо здесь у тебя в руке. Скажи мне, когда он у тебя там окажется.	*Опишите торт точно так же, как он описал его вам при процедуре оценки.*

Переключение

Что говорить:	Что делать:
Закрой глаза. Я хочу, чтобы глаза оставались закрытыми до тех пор, пока я не скажу их открыть, хорошо?	*Пусть он не открывает глаза, а вы возьмите указательный палец второй (доминантной) руки между вашим большим и средним пальцем. Поднимите палец в точку в сторону ото лба на уровне глаз (там, где вы поставили «Х» рядом с головой, когда рисовали первый рисунок).*
Я хочу, чтобы ты сместил свое воображение и поставил свой умственный глаз сюда, где находится твой палец, и смотрел на кусок торта отсюда.	*Когда вы будете уверены в том, что он создал мысленный образ, постучите по кончику его указательного пальца своим указательным пальцем, когда будете говорить «сюда».*

Что говорить:	Что делать:
Это как будто ты немного наклонился и смотришь отсюда (опять постучите по указательному пальцу)	*Опять постучите по пальцу. Подождите несколько секунд.*
Ты можешь видеть кусок торта отсюда?	
Представь прямую линию, которая идет от куска торта в твой нос, проходит через голову и выходит за нее примерно на 30 сантиметров. Мысленно проведи эту линию и скажи мне, когда она будет на месте.	*Постучите по пальцу. При получении положительного ответа переходите к следующему этапу.*

Переключение

Что говорить:	Что делать:
Сейчас я перемещу твой палец, и я хочу, чтобы твой умственный глаз переместился вместе с ним. Хорошо?	*Убедитесь, что линия на месте.* *ПРИМЕЧАНИЕ: не перемещайте палец, пока вы даете разъяснения или разговариваете с учеником. Сначала закончите говорить, а потом перемещайте палец. Также сначала переместите палец, а затем начинайте снова говорить.*
Я хочу поставить твой умственный глаз на линию, находящуюся выше и позади твоей головы, так что дай мне переместить твой палец. Пусть твой умственный глаз перемещается вместе с ним.	*Остановите палец на расстоянии примерно 15-25 см выше и позади головы. Вам надо будет встать, чтобы дотянуться до точки выше и позади головы ученика. Делайте это тихо и осторожно.*

Что говорить:	Что делать:
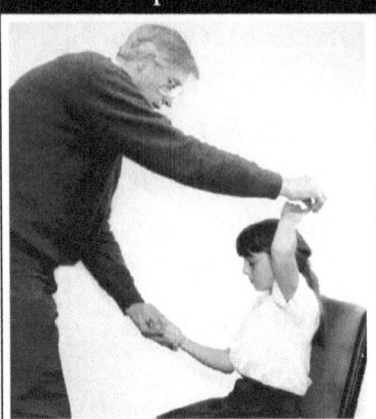	*Перемещайте палец медленно и плавно в направлении к линии симметрии тела выше и позади головы. Остановите палец на расстоянии примерно 15-25 см выше и позади головы.*

ПРИМЕЧАНИЕ: *Если локоть выходит в сторону от тела, вам может потребоваться повернуть плечо ученика так, чтобы локоть смотрел вперед. При таком положении рука может легко дотянуться до места выше и позади головы.*

Я не могу видеть линию, только ты можешь ее видеть, поэтому точно отрегулируй ее, чтобы умственный глаз располагался прямо на ней.	*Уберите свои пальцы, которые держат указательный палец человека, и пусть он свободно переместит палец.*

Переключение

Что говорить:	Что делать:
	Ему можем потребоваться несколько секунд, чтобы найти нужную точку. Когда человек перестанет перемещать палец, опять возьмите его своими пальцами.
«Мне нужно будет сделать к следующему этапу окончательную регулировку, чтобы поставить твой умственный глаз прямо на линию».	*Если он не находится на линии симметрии, то, не меняя расстояние от головы, переместите палец на линию симметрии.*
Кажется он немного смещен в сторону; можно мне его немного подвинуть?	

Что говорить:	Что делать:
«Потяни линию сюда и скажи мне, когда она будет на месте».	*Постучите по пальцу. (Переместите палец на линию симметрии и постучите по нему).*
	Посмотрите, находится ли палец на том месте, где проходила бы линия симметрии тела. (Это случается редко).
	Если он находится на линии симметрии, переходите к следующему этапу. Если он не находится на линии симметрии, то, не меняя расстояние от головы, переместите палец на линию симметрии. Постучите по пальцу.
Видишь ли ты свои уши отсюда? Ты можешь их видеть прямо через волосы.	*Если вы получаете положительный ответ, переходите к следующему этапу.*

Что говорить:	Что делать:
Проведи якорные линии к верхней части каждого уха, закрепи их и протяни сюда	*Постучите по пальцу. Если вы получаете отрицательный ответ, дайте ученику «почувствовать», где должны были бы находиться уши.*
	При необходимости дайте ему почувствовать уши рукой (той рукой, в которой находится воображаемый предмет). Если их ощущение не дает ученику их видения, пусть ученик представит, где они должны были бы быть и создаст их мысленный образ.
Проведи еще одну якорную линию к верхней части головы, закрепи ее и также протяни сюда.	*Постучите по пальцу.*

Что говорить:	Что делать:
Соедини три линии. Я хочу переместить твой палец, но на этот раз я не хочу, чтобы твой умственный глаз переместился вместе с ним. Хорошо?	*Убедитесь, что это сделано.* *Получите согласие.*
Когда я буду перемещать твой палец, оставь свой умственный глаз в конце линий.	*Сместите палец на несколько сантиметров в сторону.*
Твой умственный глаз остался на линиях?	*Если вы получаете положительный ответ, переместите палец через плечо в направлении к колену. Отпустите палец и сядьте.*
Сними свои умственный глаз с пальца и оставь его на линиях, когда я буду перемещать твой палец.	*Если вы получаете отрицательный ответ, поставьте палец в предыдущее положение на линиях.*

Переключение

Что говорить:	Что делать:
	(Повторяйте до тех пор, пока умственный глаз не останется на линиях).
Нам больше не нужна линия, которая идет к куску торта так что стирай ее и скажи мне, когда ее не станет. Нам также больше не нужен кусок торта так что стирай его и скажи мне, когда его не станет.	
Какого цвета эти три якорные линии, которые ты только что провел?	*Запишите ответ для использования в будущем.*
Перемести свой умственный глаз в ту точку, в которой сходятся три (цветные) линии. Скажи мне, когда он будет там.	

Что говорить:	Что делать:
Ты видишь три точки или одну?	*Запишите ответ.*

Якорные линии, проведенные дислектиком во время занятия по методике «Предоставление рекомендаций по контролю за ориентации по системе Дейвиса», сойдутся в точке, расположенной на расстоянии 15—25 см позади головы и выше нее. Эта точка будет находиться под углом приблизительно 45 градусов точно на линии симметрии тела.

Они того же цвета, что и линии?	*Запишите ответ.*
То, что твой умственный глаз видит сейчас, — это то, что он должен видеть, когда он находится в точке ориентации.	

Переключение

Что говорить:	Что делать:
В любое время, когда ты захочешь, ты можешь смотреть с помощью своего умственного глаза. Если он видит то, что видит сейчас, ты знаешь, что он находится в точке ориентации. Если он не видит того, что он видит сейчас, ты будешь знать, что он не находится в точке ориентации и тебе придется переместить его в точку, чтобы он видел то, что видит сейчас. Есть вопросы?	
Открой глаза. Он переместился, когда ты открыл глаза?	*Если ответ отрицательный, переходите к следующему этапу.*

Что говорить:	Что делать:
Верни его обратно.	*Если ответ положительный, скажите: «Верни его обратно». Если вы получили ответ «я не знаю», пусть он закроет глаза и проверит.*
Закрой глаза и посмотри.	

4. Объяснение

Что говорить:	Что делать:
Я не могу видеть твой умственный глаз. Я не могу видеть твои якорные линии. Если бы меня здесь не было, когда ты это делал, я бы даже не знал, что у тебя это есть. Если я не могу этого знать, значит, никто не может этого знать, так что только ты это знаешь.	

Переключение

Что говорить:	Что делать:
Ты не должен волноваться, что кто-то подумает, что ты странный или что ты делаешь что-то такое, чего они делать не могут. Ты не можешь прикоснуться к своему умственному глазу, ничто не может к нему прикоснуться.	
Не стоит беспокоиться, что ты его ударишь или стукнешься им об стену, о двери или обо что-нибудь еще. Не волнуйся, что ты заденешь его дверцей машины. Он проходит сквозь предметы, как будто их там вообще нет.	*Помашите рукой над и позади своей головы.* «Ты не должен беспокоиться, что собьешь свой умственный глаз, или что кто-то увидит твои линии».

Что говорить:	Что делать:
Когда твой умственный глаз находится в точке, его местоположение определяется линиями, которые идут к ушам и к верхней части головы.	
Ты не можешь передвигаться так быстро, чтобы его потерять. Ты не можешь так быстро повернуть голову, что он слетит с нее. Он просто находится там и идет туда, куда идет твоя голова и уши. Есть вопросы?	
Знаешь ли ты, что означает слово ответственность? Позволь дать тебе (простое/более простое) определение. Ответственность — это способность и желание что-либо контролировать.	*Независимо от того, какой вы получите ответ — «да» или «нет», объясните эту концепцию.*

Переключение

Что говорить:	Что делать:
Контроль в своей простейшей форме — это способность заставлять что-либо изменяться или заставлять его не изменяться.	
Поскольку я могу коснуться твоей руки и переместить ее, я что-то меняю в твоем теле. Это изменение происходит, но его делаешь не ты. Я ответственен за это изменение, а не ты, потому что ты этого не делал.	*Возьмите руку человека и немного переместите ее.*
Но я не могу коснуться твоего умственного глаза и переместить его. Никто не может.	
Нет на свете такого человека, животного, машины или чего-нибудь другого, что могло бы переместить твой умственный глаз хотя бы на одну миллиардную долю сантиметра.	

Что говорить:	Что делать:
Но ты можешь поставить его в любое место, какое захочешь. Это означает, что ты обладаешь полным контролем, что также означает, что ты несешь полную ответственность за то, где находится твой умственный глаз и что он делает. Ты согласен?	
Это также означает, что если он соскакивает, когда ты дезориентируешься, то именно ты заставляешь его соскакивать. Когда ты был совсем маленький, ты настраивал его так, что при каждом значительном замешательстве твой умственный глаз автоматически смещался и пытался выйти из этого состояния.	

Переключение

Что говорить:	Что делать:
Если замешательство было связано с реальным объектом, такое поведение срабатывало и замешательство отстранялось.	
Но оно не срабатывало, если дело касалось символа, а все слова являются символами, так что такое поведение не сработает в случае со словами. Перемещение мысленного глаза усиливает состояние замешательства.	
Теперь у тебя есть проблема: твой Умственный глаз соскакивает каждый раз, когда ты оказываешься в состоянии замешательства, а ты больше не хочешь, чтобы он так делал.	

Что говорить:	Что делать:
Проблема в том, что он все еще собирается соскакивать. Если ты попробуешь держать его в точке, чтобы он не прыгал, в то же время автоматически пытаясь заставить его прыгать, то у тебя разболится голова. Единственное решение, которое я знаю, — это не останавливаться и позволить ему прыгать, но когда он это делает, просто возвращать его назад. Это будет твоей работой, твоей обязанностью, каждый раз, когда он спрыгивает, ты должен возвращать его назад.	
Есть какие-то вопросы?	
Твой умственный глаз все еще находится в твоей точке ориентации?	
Если вы получили положительный ответ, переходите к следующему этапу. (В случае отрицательного ответа попросите поставить его обратно в точку).	

Переключение

Что говорить:	Что делать:
В течение первых нескольких мгновений после того, как мы получили точку ориентации, наш умственный глаз плавает вокруг нее.	
Он еще не становится туда. Это случается со всеми. Мы называем это «дрейфом». Как только ты привыкнешь контролировать свой умственный глаз, ставить его в точку ориентации и оставлять его там, дрейф прекратится. Теперь, когда ты будешь ставить свой умственный глаз в точку ориентации, он там будет находиться.	

Что говорить:	Что делать:
Не старайся удерживать там свой умственный глаз, пусть он дрейфует. Время от времени возвращай его в точку и не удерживай, если он уходит. Если ты будешь пытаться его удерживать, ты просто продлишь этап дрейфа. Есть вопросы?	

5. Упражнения с ориентацией:

Используя информацию о том, что вызывает у человека дезориентацию, выберите какой-нибудь вид деятельности, например, чтение, который приведет человека в состояние дезориентации. Будьте внимательны, чтобы не пропустить проявление дезориентации. При возникновении дезориентации или ошибок остановитесь.

Что говорить:	Что делать:
Твой умственный глаз переместился? (Посмотри своим умственным глазом и определи, видит ли он (точку/ точки)).	

Переключение

Что говорить:	Что делать:
	В случае отрицательного ответа продолжайте упражнения, пока умственный глаз не переместится. (При ответе «я не знаю» пусть он это проверит).
Поставь его обратно.	*Когда умственный глаз переместился, пусть человек поставит его обратно. Затем укажите стимул, который запустил дезориентацию. Укажите каждое слово, которое запускает дезориентацию.*

Что говорить:	Что делать:
	Продолжайте таким образом, пока человек не сможет быстро и легко ставить умственный глаз в точку ориентации и видеть получающуюся в результате разницу в восприятии и поведении.
	Когда человек сможет быстро и легко ставить умственный глаз в точку ориентации и знать, что он это сделал, занятие закончено.

ГЛАВА 28: Разрядка и Проверка ориентации

По мере того, как дислектики, использующие процедуру «Ориентации по системе Дейвиса», будут развивать навыки ориентации, для них будет становиться очевидным, что если умственный глаз не смещается, то они не делают ошибок. По мере того, как они будут больше осознавать свое состояние ориентации, они станут замечать, что каждый раз, когда их умственный глаз смещается, они дезориентируются. После того как они дезориентируются, они либо будут делать ошибки при чтении, либо автоматически включат какое-нибудь «старое решение».

Казалось бы, что следующим логическим

навыком, который необходимо развить, был бы способ удерживания умственного глаза в точке ориентации. Это легко сделать и большинство людей попробуют сделать это. К сожалению, обычно это вызывает сильную головную боль.

Вероятной причиной является то, что на самом деле умственный глаз не смещается сам по себе. Человек на подсознательном уровне заставляет его смещаться. Его смещение является укоренившейся привычкой. Когда ученик будет знать об ориентации и преимуществах, получаемых в том случае, если умственный глаз не будет смещаться, это не предотвратит его от естественной реакции на состояние замешательства.

Итак, когда человек оказывается в состоянии замешательства, он попытается сместить умственный глаз и одновременно попытается не допустить его смещение — буквально он будет работать против себя. Мы называем это удерживанием. Оно создает напряжение, результатом чего является головная боль.

Если просто сказать людям, чтобы они не удерживали умственный глаз в точке ориентации, то это не будет иметь результата. Это все равно, что сказать им, чтобы они не думали о слоне: это заставит их думать о слоне вместо того, чтобы не думать о нем. Чем больше они будут стараться не

Разрядка и Проверка ориентации

удерживать свой умственный глаз, тем сильнее будет становиться удерживание.

Кроме того, нет причины не дезориентировать их, если это соответствует ситуации и полезно. Люди, которые будут неподвижно удерживать умственный глаз в точке ориентации, обычно начнут трогать и потирать свою шею сзади. Когда вы увидите, что они это делают, вмешайтесь, предложив процедуру «Разрядка».

Признаки удерживания:
1. Человек жалуется на головную боль.
2. Человек потирает или трогает шею сзади.
3. Кожа бледнеет.
4. Брови нахмурены.
5. Человек начинает выглядеть как человек, находящийся в состоянии стресса или сильной усталости.

Процедура «Разрядка» может использоваться для состояния, отличного от «удерживания». Она очень эффективна для устранения стресса и напряжения, возникающих в результате интенсивной деятельности. Таким образом, процедура также должна выполняться наряду с «Выравниванием».

Процедура «Разрядка»

Ознакомьте человека с процедурой «Разрядка», прочитав или рассказав ему эти этапы. Делая это, убедитесь, что до того, как переходить к следующему этапу, он выполнил требуемое действие. Если он говорит «не могу» или не уверен в том, выполнил ли он действие, скажите: «Представь, как это должно было бы быть сделано».

- Сожми кулак, не очень сильно. Просто согни пальцы в ладони. Теперь подумай «рука, откройся!», но вместо того, чтобы открыть руку, сожми кулак сильнее.
- Опять подумай «рука, откройся!» и сожми кулак еще сильнее.
- Снова подумай «рука, откройся!» и очень сильно сожми кулак, очень, очень сильно; сожми так, чтобы почувствовать мышцы до самого локтя.
- Теперь без мысли просто сделай разрядку для руки. Отпусти всю руку. Пусть пальцы возвратятся в свое естественное положение.
- Прислушайся к ощущению, которое идет по руке, по кисти и до самых кончиков пальцев. Это ощущение и есть ощущение разрядки. Когда употребляется слово «разрядка», имеется в виду именно это ощущение.
- Ощущение разрядки — это такое же

ощущение, какое испытываешь при вздохе.

— Сделай вдох. Задержи дыхание на одну-две секунды. Затем сильно выдохни воздух через рот, так чтобы из носа и из горла вышел звук «ханнн».

— Неглубокий вздох создаст ощущение разрядки в верхней части грудной клетки. Большой глубокий вздох может дать это ощущение по всему телу до кончиков пальцев на руках и ногах.

— Сделай большой глубокий вздох, почувствуй разрядку по всему телу. Теперь задержи это ощущение; пусть это ощущение останется в твоем теле.

— Теперь пусть это ощущение появится у твоего умственного глаза — просто захоти, чтобы оно у него было. Твой умственный глаз может иметь такое ощущение. Твой умственный глаз должен себя чувствовать именно так.

— Теперь пусть твой умственный глаз передаст это ощущение в голову и шею. Ты почувствуешь, как освободятся мышцы шеи. Ты почувствуешь, как они расслабятся.

Если у человека болит голова, то, прежде чем продолжать, воспользуйтесь следующим:

— Теперь пусть твой умственный глаз передаст это ощущение прямо в головную боль. Пусть

твой умственный глаз наполнит головную боль ощущением разрядки.
- Пусть твой умственный глаз продолжает наполнять головную боль разрядкой до тех пор, пока она полностью не исчезнет.
- В будущем, когда ты будешь возвращать умственный глаз в точку ориентации, вернув его, не удерживай, а спокойно отпускай. Он никуда не уйдет. Он просто будет находиться в точке. Тебе не нужно его удерживать.
- Каждый раз, когда тебе нужно вернуть свой умственный глаз, дай ему ощущение разрядки. Тогда у тебя больше не будет болеть голова и не будут возникать старые решения.

После того как человек узнал, что такое разрядка, и научился ее делать, нет необходимости снова проходить через всю процедуру. Просто просите человека или напоминайте ему «делать разрядку» каждый раз, когда вы замечаете проявления удерживания, концентрации, напряжения или приложение чрезмерных усилий.

Процедура «Проверка ориентации»

Через несколько часов точка ориентации, установленная на первом занятии по методике «Консультация по ориентации», может изменить свое местоположение. В результате вам может потребоваться время от времени делать проверку, чтобы посмотреть, не сместилась ли она, и, если это произошло, вернуть ее обратно в первоначальное положение. Это делается в рамках процедуры «Проверка ориентации».

Просто попросите человека поставить свой палец в то место, где находится его точка ориентации. Обычно, когда я это делаю, то говорю: «Ранее, когда у нас было занятие по ориентации, ты получил нечто, что называется точкой ориентации. Это то место, в котором три линии образуют точку. Ты можешь поставить свой палец в то место, где находится эта точка?».

Когда человек выполнит требуемое, проверьте, находится ли его палец на линии симметрии тела и на расстоянии 15-25 см выше головы и позади нее. Если он поставит палец в правильное место, скажите: «Хорошо. Продолжай использовать эту точку и все будет прекрасно».

Правильное место

Разрядка и Проверка ориентации

Если человек поставит палец в любую точку вне правильного места, просто попросите у него разрешения сделать «небольшую регулировку». (Пока никто не сказал «нет»).

Ее умственный глаз смещен вправо.

Возьмите палец человека своим большим и указательным пальцем и осторожно подтяните его к линии симметрии тела. Постучите по кончику его пальца своим указательным пальцем и скажите: «Подтяни точку сюда, отрегулировав линии. Скажи мне, когда она будет здесь». Опять постучите по пальцу.

Разрядка и Проверка ориентации

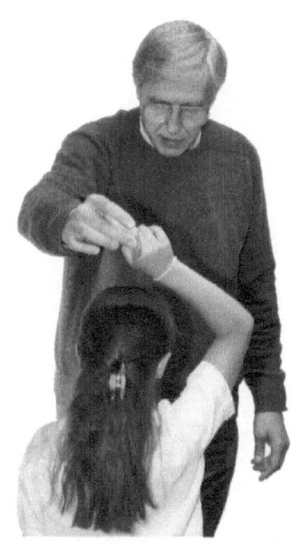

Отрегулируйте местоположение точек и линий относительно линии симметрии.

Когда человек говорит вам, что точка теперь в том месте, в котором вы хотите, скажите: «Это хорошо. Используй эту точку и все будет прекрасно».

Если после того, как была сделана описанная выше регулировка, точка продолжает сильно смещаться, скажите человеку: «Установи линии так, чтобы они не двигались». Применяйте процедуру «Проверка ориентации» только до тех пор, пока вы не начали выполнять процедуру «Точная настройка», описанную в следующей главе. После выполнения процедуры «Точная настройка» этот метод проверки местоположения точки ориентации более не приемлем.

ГЛАВА 29: Точная настройка

Процедура «Точная настройка» — это метод, с помощью которого сориентированный дислектик может найти свою оптимальную точку ориентации. Суть процесса схожа с тем, как происходит точная настройка радиоприемника, когда вращают ручку настройки вперед и назад до тех пор, пока не получат наилучшее из возможного качество приема. Отсюда же заимствовано и название «Точная настройка».

Тоже самое можно сделать с умственным глазом. Перемещая его вокруг имеющейся точки ориентации, можно определить его оптимальное для ориентации местоположение.

Здесь нужно помнить несколько моментов. Процедура «Точная настройка» лучше всего выполняется после того, как у сориентированного

Точная настройка

дислектика было по крайней мере два дня занятий по контролю за ориентацией. Процедуру «Точная настройка» не следует проводить до тех пор, пока не прекратятся все и всяческие проявления дрейфа (небольшие отклонения умственного глаза).

При выполнении процедуры «Точная настройка» умственный глаз может смещаться в любом направлении, а не только вперед и назад. Кроме того, каждый раз, когда умственный глаз смещается, человек будет ощущать потерю равновесия. Процедура «Точная настройка» осуществляется путем незначительного смещения умственного глаза, потом процесс смещения прекращается и проверяется как изменились ощущения.

Есть два способа, с помощью которых люди могут сказать, когда они нашли оптимальное для ориентации местоположение умственного глаза. Во-первых, у них будет идеальное чувство равновесия. Они могут стоять на одной ноге, не совершая никаких движений в ступне, лодыжке, колене, бедрах или теле. Они могут удерживать это положение до тех пор, пока их мышцы не устанут физически. В таком случае они могут еще остаться в состоянии удобного равновесия, просто поменяв ногу. Во-вторых, когда их умственный глаз находится в месте оптимальной ориентации, люди получат глубокое ощущение внутренней гармонии — то, что я называю зоной комфорта. Это будет как раз ощущение «правильности».

Часто при выполнении процедуры «Точная настройка» умственный глаз человека на мгновение пересекает зону комфорта. Когда это происходит, ощущение внутренней гармонии возникает моментально. Возможно, он будет улыбаться и выглядеть расслабленным. Но если человек не остановит свой умственный глаз точно в этом месте, ощущение исчезнет также быстро, как и появилось.

Предположим, что мы начинаем в ситуации, при которой умственный глаз находится позади головы и выше нее, тогда наблюдаемые явления взаимосвязи между умственным глазом и телом будут следующие:

1. Если умственный глаз смещен от линии симметрии влево, тело теряет равновесие, наклоняясь влево.
2. Если умственный глаз смещен от линии симметрии вправо, тело теряет равновесие, наклоняясь вправо.
3. Если умственный глаз слишком смещен

Точная настройка

назад, даже если он находится на линии симметрии, тело теряет равновесие, наклоняясь назад.

4. Если умственный глаз слишком смещен вперед, даже если он находится на линии симметрии, тело теряет равновесие, наклоняясь вперед.

5. Если умственный глаз находится слишком низко, тело теряет равновесие, наклоняясь назад.

6. Если умственный глаз находится слишком высоко, тело теряет равновесие, наклоняясь вперед.

7. Если умственный глаз смещен вперед относительно осевой линии тела, то (1) и (2) меняются на противоположные.

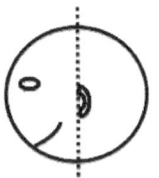

Осевая линия тела

Воспользовавшись приведенной выше информацией, человека может определить оптимальную точку ориентации.

Человек выполняет процедуру, медленно перемещая умственный глаз и останавливая его движение поблизости от своей точки ориентации. Это делается до тех пор, пока не будет достигнуто идеальное равновесие и пока человек не получит ощущение внутренней гармонии.

Процедура «Точная настройка»

При выполнении с человеком этой процедуры, как и при выполнении всех других процедур, пользуйтесь своими словами.

Что говорить	Что делать
Я хочу, чтобы твои глаза оставались открытыми, когда мы будем делать все это, хорошо?	*Объясните понятие точной настройки радиоприемника и то, как можно применить эту концепцию для определения точки оптимальной ориентации.*

Точная настройка

Что говорить	Что делать
Поставь свой умственный глаз в точку ориентации.	*Найдите такое место, из которого можно видеть далеко вперед. Например, можно смотреть из окна. Пусть человек смотрит на этот вид. Пусть человек проверит, находится ли его глаз в точке ориентации.*
	Станьте рядом с человеком и покажите ему определенное место или точку в перспективе. Это место или точка не должны быть ниже уровня глаз. Посмотри на эту картину там, наверху.

Что говорить	Что делать
Пока ты смотришь на эту точку, сбалансируй свое тело, стоя на одной ноге.	ПРИМЕЧАНИЕ: Не имеет значения, на какой ноге человек уравновешивает свое тело. При желании он может менять ногу.
 «Продолжай смотреть на точку и встань на одну ногу».	Бережно возьмите человека за плечи, затем снимите руки с его плеч, но оставьте поблизости. 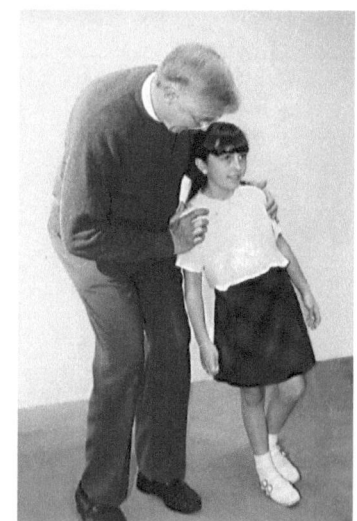 «Толкни умственный глаз и посмотри, что случится».

Точная настройка

Что говорить	Что делать
Столкни свой умственный глаз с точки ориентации в мою сторону и посмотри, что происходит с твоим равновесием. Я не дам тебе упасть. (Если человек сразу не пошатнулся, скажите: «Хорошо его толкни; я не дам тебе упасть».)	*Если человек не наклоняется ваш сторону.*
Поставь свой умственный глаз обратно в точку и опусти ногу на пол.	ПРИМЕЧАНИЕ: *важно, чтобы человек видел и чувствовал, как тело выходит из состояния равновесия в том направлении, в котором смещается умственный глаз.*

Что говорить	Что делать
	Выберите другую точку на более близком расстоянии, под углом примерно 45 градусов ниже линии взора. Направьте внимание человека на это место.
Наклони голову вперед и смотри прямо в эту точку. Теперь уравновесь свое тело, стоя на одной ноге.	
Теперь точно также как при точной настройке радиоприемника, перемещай свой умственный глаз и найди то место, где твое тело ощущает абсолютное равновесие.	«Смотри на эту монетку, которую я бросил на пол, и уравновешивай свое тело, стоя на одной ноге».

Что говорить	Что делать
Помни, пока умственный глаз движется, твое равновесие будет нарушено, поэтому смести глаз на небольшое расстояние, затем останови его движение, а затем проверь равновесие. Ты узнаешь, когда достигнешь абсолютного равновесия по возникшему чувству внутренней гармонии.	*ПРИМЕЧАНИЕ: Этот процесс может занять любой период времени. Человек может не найти оптимальной ориентации с первой попытки. Не позволяйте ему прекращать попытки до тех пор, пока он не подойдет очень-очень близко к оптимальной точке ориентации или пока он, фактически, не найдет ее.*

Что говорить	Что делать
	Когда человек уже нашел оптимальную ориентацию или начинает уставать, подойдя очень-очень близко к этой точке, закончите занятие с помощью следующих этапов.
Держи свой умственный глаз там, где он сейчас находится, и поставь ногу на пол.	*Убедитесь, что это сделано.*
Держи свой умственный глаз там, где он сейчас находится, и подтяни свою (точку/точки) туда, где находится твой умственный глаз. Ты смещаешь не умственный глаз, ты смещаешь точку к умственному глазу.	

Точная настройка

Что говорить	Что делать
Расположи свои якорные линии и хорошо закрепи их там, где они находятся, подобно тому, как закрепляется и затвердевает бетон.	
Таким образом твоя точка будет именно там, где она должна быть и не будет сходить с этого места.	

Объясните, что человек должен выполнять эту процедуру по меньшей мере раз в день, чтобы убедиться в том, что точка ориентации оптимальна. Объясните, что время от времени оптимальное местоположение по неизвестным причинам меняется и с помощью данной процедуры человек должен адаптироваться к такому изменению.

После выполнения процедуры «Точная настройка» не просите человека попробовать поставить палец на то место, где находится точка.

Скорее всего, он не сможет найти ее и, если вы попросите его это сделать, то только вызовете у него состояние замешательства.

Следующие занятия по проверке ориентации будут заключаться только в том, что вы просто попросите человека посмотреть вниз и уравновесить свое тело на одной ноге, показывая ему наличие чувства равновесия.

Имеется только одна оптимальная точка ориентации, в которой вся сенсорная информация наиболее правильная. Тем не менее, есть и другие местоположения ориентации, одно или более для каждого вида восприятия, в которых это восприятие будет очень точным. Для равновесия таким местоположением будет точка, находящаяся на расстоянии примерно 60 сантиметров или больше прямо над головой, или точка, чуть смещенная вперед относительно центра тяжести. При работе со спортсменами, танцорами и другими (со всеми, кто обладает превосходным чувством равновесия) убедитесь, что они ориентируются по точке, расположенной выше и позади головы, а не по точке, находящейся прямо над головой или впереди нее. Попросите человека смотреть вниз, когда делается проверка, что должно подтвердить сказанное выше.

ГЛАВА 30: Процедура «Выравнивание»

Процедура «Выравнивание» по системе Дейвиса является начальным этапом процесса коррекции дислексии по Дейвису для некоторых дислектиков. Если человек, с которым вы работаете, столкнулся с какими-либо трудностями при выполнении любого из этапов «Оценки способности восприятия», тогда следует использовать именно эту процедуру.

Точно также, как и в процедуре «Консультация для ориентации» по системе Дейвиса, эта процедура позволит человеку намеренно включать и выключать дезориентацию. Симптомы дислексии — это симптомы дезориентации; следовательно, как только дислектик узнает, как выключать дезориентацию, он также может выключать эти симптомы.

Как только дезориентации будут выключены,

человек перестанет создавать симптомы дислексии. Может показаться, что проблема решена, но ориентация — это всего лишь первый шаг коррекционного процесса.

При процедуре «Выравнивание» можно сразу же выполнить процедуру «Точная настройка для Выравнивания» и упражнения с мячиками «Куш» (см. глава 32). Таким образом, эти дополнительные техники предоставляются человеку сразу же, что полезно при выраженной диспраксии и проблемах с координацией.

При первом выполнении процедуры «Выравнивание» с кем-либо, вы будете выполнять три отдельные процедуры, как будто они были одной. Всегда начинайте процесс с выполнения процедуры «Разрядка», затем процедура «Выравнивание», за которой сразу же следует процедура «Точная настройка для выравнивания». Эти три процедуры изложены здесь в той последовательности, в которой они должны выполняться, поэтому, проводя кого-либо по ним, вы можете просто прочитать сценарий вслух.

Однако сначала вы должны подготовить человека к тому, что будет и чего ожидать. Как и в случае «Консультации Дейвиса для ориентации», подготовьте объяснение, почему вы даете ему этот инструмент. Адаптируйте объяснение к профилю

Процедура «Выравнивание»

человека. Используйте слова, которые будут поняты. Имейте в виду, что вы говорите с человеком, который, вероятно, не очень хорошо разбирается в словах. Формулируйте объяснения как можно более коротко и конкретно.

Также допускайте, что у человека может быть короткий период сохранения внимания. Если вы будете говорить дольше, чем он способен фокусировать внимание, то потеряете его. Иногда это может произойти всего за пять-десять секунд. Любое объяснение, которое вы дадите, займет больше времени, поэтому используйте стратегию выхода за эти временные рамки. Разорвите объяснение. Поговорите несколько секунд, а затем задайте уточняющие вопросы для проверки понимания изложенного. По большей части будет достаточно задать вопросы, требующие только односложного ответа «да» или «нет».

Нет какого-то одного сценария, которому нужно было бы следовать — вам придется действовать по обстоятельствам. Вот пример того, что можно сказать семилетнему ребенку.

То, что мы собираемся сделать, называется Выравнивание. Ты когда-нибудь слышал это слово раньше? (ответ)

Это название для инструмента, который поможет тебе сконцентрироваться и лучше учиться в школе.

Считаешь ли ты, что было бы хорошо иметь инструмент, который помог бы тебе сделать меньше ошибок? (ответ)

Только если ответ на последний вопрос будет «да», вы продолжите. Если ответ «нет», у вас может возникнуть проблема с мотивацией или же человек не до конца понял ваше объяснение.

Проводя кого-либо через начальный сеанс выравнивания, вы можете прочитать вслух следующий алгоритм действий. Продолжайте использовать короткие сегменты, чтобы уложиться в короткий период фокусировки внимания человека; ответы могут быть отныне невербальными, например, кивнуть головой.

Процедура «Выравнивание»

1: Разрядка

Устройся поудобнее — так удобно, как ты только можешь.

Сожми руку в кулак, но не слишком сильно. Просто согни пальцы в ладонь.

Теперь подумай «рука, откройся!» и сожми кулак еще сильнее. Снова подумай «рука, откройся!» и сожми кулак еще сильнее.

Еще раз подумай «рука, откройся!» и на этот раз сожми его очень сильно, напряги так, чтобы почувствовать всю руку до локтя.

Теперь без всякой мысли просто расслабь свою руку. Пусть пальцы возвратятся в свое естественное положение.

Прислушайся к ощущению, которое идет по руке, по кисти, до самых кончиков пальцев. Это ощущение и есть ощущение разрядки. Когда употребляется слово «разрядка», имеется в виду именно это ощущение.

Ощущение разрядки — это такое ощущение, которое испытываешь при вздохе.

Сделай вдох. Задержи дыхание на одну-две секунды, затем сильно выдохни воздух через рот так, чтобы из горла вышел звук «ханнн».

Неглубокий вздох создает ощущение разрядки в верхней части грудной клетки. Большой глубокий вздох может дать это ощущение всему телу до кончиков пальцев на руках и ногах. Сделай большой глубокий вздох; почувствуй разрядку по всему телу. Теперь задержи это ощущение; пусть оно останется в твоем теле.

Закрой глаза. Почувствуй свои пальцы ног и ощути их изнутри.

Удерживай ощущение своих пальцев ног и почувствуй пальцы рук, ощути их изнутри.

Пусть это ощущение распространится от пальцев ног к лодыжкам и от пальцев рук к запястьям.

Теперь продолжай распространять это ощущение от пальцев ног к коленям и от пальцев рук к локтям.

Продолжай вести его к бедрам и плечам.

Теперь по всему телу, к шее.

Теперь по шее и голове, к макушке головы. Пусть это ощущение покроет все тело, включая уши.

Теперь сделай большой глубокий вздох и наполни все свое тело ощущением разрядки, вплоть до кончиков пальцев рук и ног.

Процедура «Выравнивание»

Позволь этому ощущению разрядки остаться в твоем теле и, когда ты будешь к этому готов, открой глаза.

2: Выравнивание

Снова закрой глаза. Ощущение разрядки все еще находится в твоем теле.

Не двигаясь, почувствуй, что встаешь. Почувствуй, что встаешь со стула.

Теперь почувствуй, что обходишь себя и становишься за своей спиной.

Почувствуй, что ты стоишь позади своего настоящего тела, которое сидит перед тобой.

Дотянись до своих настоящих плеч и положи свои воображаемые руки на них.

Почувствуй свои настоящие плечи через воображаемые руки и почувствуй воображаемые руки своими настоящими плечами.

Открой свои воображаемые глаза и посмотри на сидящее перед тобой тело. Ты должен видеть макушку и затылок.

Закрой свои воображаемые глаза и продолжай ощущать твои воображаемые руки на своих плечах.

Открой глаза. Продолжая ощущать воображаемые руки на своих плечах, оглядись. Посмотри, где находятся вещи по отношению к твоему телу. Посмотри, где находятся стены относительно твоего тела.

Позвольте человеку сделать наблюдения и прокомментировать их.

3: Точная настройка при выравнивании

Встань, удерживая ощущение воображаемых рук на своих плечах. Не держись за стол или стул. Балансируй на одной ноге. Позволь воображаемому телу через воображаемые руки помогать тебе соблюдать равновесие.

Если тебе не удается сохранять равновесие, слегка перемещай твое воображаемое тело в противоположную сторону до тех пор, пока не достигнешь идеального равновесия.

Когда ты достигнешь идеального равновесия, закрепи свои воображаемые локти таким образом, чтобы твое воображаемое тело постоянно находилось в одной позиции, когда твои воображаемые руки находятся на твоих плечах.

Процедура «Выравнивание»

Теперь ты можешь пройтись, продолжая держать воображаемые руки на своих плечах.

В любое время, когда ты желаешь или, когда это необходимо, ты можешь отрегулировать свое состояние путем восстановления положения воображаемого тела и ощущения воображаемых рук на твоих плечах.

4: Объяснение

Следующий текст следует преподнести как беседу, а не лекцию:

Я не вижу твоих воображаемых рук. Если бы меня не было здесь в то время, когда ты выполнял эту процедуру, я бы никогда не узнал, что они у тебя есть.

Если я этого не знаю, то никто другой этого тоже не знает, так что только ты знаешь наверняка. Ты не должен волноваться, что кто-то подумает, что ты странный или что ты делаешь что-то такое, чего другие делать не могут.

Тебе не надо беспокоиться о том, чтобы спрятать воображаемое тело или что ты стукнешься им о стену, о дверь или еще о что-нибудь. Не волнуйся, что заденешь его дверцей машины. Оно проходит сквозь предметы, как будто их там вообще нет.

Ты не можешь передвигаться так быстро, чтобы его потерять. Оно просто находится там, где ты хочешь, когда ты вызываешь его ощущением воображаемых рук на плечах. Есть вопросы?

Ты знаешь, что означает слово «ответственность»?

Позволь дать тебе простое/более простое определение.

Ответственность — это способность и желание что-либо контролировать. Контроль в своей простейшей форме — это способность заставлять что-либо изменяться или заставлять это не изменяться.

Поскольку я могу коснуться твоей руки и переместить ее, я что-то меняю в твоем теле. Это изменение происходит, но делаешь его не ты. Я ответственен за это изменение, а не ты, потому что ты этого не делал. Правильно?

Но я не могу коснуться твоих воображаемых рук и переместить их. Никто не может. Нет на свете такого человека, животного, машины или чего-нибудь другого, что могло бы переместить твои воображаемые руки хотя бы на одну миллиардную

Процедура «Выравнивание»

долю сантиметра. Но ты можешь поставить их в любое место, какое захочешь. Это означает, что ты обладаешь полным контролем и также означает, что ты несешь полную ответственность за то, где находятся твои воображаемые руки и что они делают. Ты согласен?

Это также означает, что если ты дезориентируешься и твои воображаемые руки исчезают, то именно ты заставляешь их исчезнуть. Так происходит потому, что, когда ты был совсем маленький, ты их так настроил, что при каждом значительном состоянии замешательства твое воображение автоматически отключалось и пыталось выйти из этого состояния. Если это состояние замешательства было связано с реальным объектом, такое поведение срабатывало и состояние замешательства исчезало. Но оно не срабатывает, если дело касается символа, а все слова являются символами, так что такое поведение не сработает в случае со словами, а только усилит замешательство.

Теперь, когда у тебя начинает проявляться состояние замешательства, или ты уже испытываешь замешательство, просто почувствуй воображаемые руки у себя на плечах. Это решит проблему. Таким образом, теперь это станет твоей работой, твоей ответственностью: куда бы они не исчезали, возвращай их обратно. Есть вопросы?

Твои воображаемые руки все еще у тебя на плечах? (Если нет, скажи: «Почувствуй воображаемые руки у себя на плечах».)

ГЛАВА 31: Настройка шкалы

Когда у человека появится ориентация, но некоторые признаки синдрома дефицита внимания, гиперактивности или гипоактивности останутся, человек может установить контроль за своим ощущением времени и уровнем энергии. Это даст ему возможность функционировать «нормально» по отношению к другим. Для этого нужно попросить человека «настроить шкалу».

Шкала, в соответствии со словарным определением, — это круг, дуга или прямая линия, на которых деления отмечены таким образом, что можно видеть положение индикатора относительно них. Шкала полезна по двум причинам: во-первых, это способ оценки, который показывает уровень функционирования чего-либо, а во-вторых, она является или может стать индикатором изменений в работе какой-нибудь функции или функций.

Для достижения наших целей мы хотим, чтобы шкала контролировала уровень, на котором человек ощущает изменение (времени или скорости), а также энергетический уровень, на котором находится человек.

Мы настраиваем шкалу, используя воображение и ощущение. Мы хотим, чтобы человек был в состоянии ориентации или сделал выравнивание прежде, чем начать установку шкалы, поскольку после выполнения этих процедур мотивация человека станет сильнее, а восприятие — более точным.

Настройка шкалы выполняется после «Консультации для ориентации» или «Выравнивания» / «Точной настройки». Ей всегда предшествует процедура «Разрядка» (глава 28).

ПРОЦЕДУРА

Что делать	Что говорить
Спросите:	Ты знаешь, что такое шкала?
Если ответ отрицательный, объясните. Убедитесь, что клиент понимает, что шкала показывает уровень функции, а также контролирует его. Может быть полезным привести такие примеры, как переключатели на плите, термостаты или даже вентили водопроводного крана.	
Скажите:	Представь шкалу, которая показывает твой энергетический уровень. *(Пауза)*

Что делать	Что говорить
Если у шкалы меньше, чем десять делений, скажите:	Пожалуйста, опиши ее мне. Пожалуйста, измени шкалу так, чтобы на ней было десять делений.
	Поставь шкалу куда-нибудь перед собой, немного слева или справа от себя, не прямо перед собой.
Попросите клиента положить руку туда, где находится его воображаемая шкала. *Скажите:*	Покажи рукой, куда ты поместил свою шкалу.
Спросите:	Если эта шкала показывает твой энергетический уровень в данный момент, что она показывает?

Настройка шкалы

Что делать	Что говорить
Если она показывает 5 или ниже, попросите клиента установить ее на 2—3 деления выше (по меньшей мере на 7). *Скажите:*	Переставь шкалу на 2 или 3 деления выше.
Спросите: *Убедитесь, что клиент «ощущает» каждое деление шкалы. Дайте клиенту необходимое время, чтобы поупражняться по этой методике.*	Чувствуешь ли ты прилив энергии? Ощущаешь ли ты изменение температуры в своем теле? Замечаешь ли ты, что стал бодрее? Чувствуешь ли ты себя на этом уровне возбужденным?
ИЛИ:	
Если шкала клиента показывает больше 5, попросите его опустить ее вниз на 2—3 деления (по меньшей мере до 4). *Скажите:*	Переставь свою шкалу на 2 или 3 деления вниз.

Что делать	Что говорить
Спросите:	Ты чувствуешь, что замедляешься?
Убедитесь, что клиент «ощущает» каждое деление шкалы. Дайте клиенту необходимое время, чтобы поупражняться по этой методике.	Ты испытываешь ощущение спокойствия? Ты ощущаешь прохладу? Ты чувствуешь, что расслабляешься?

Примечание: возможно, вы захотите спросить у клиента что-нибудь еще, что будет уместным в данной ситуации. Задавайте вопросы, чтобы привлечь его внимание к изменениям, которые с ним происходят. Не корректируйте ответ клиента. Не заставляйте клиента чувствовать, что он ощущает что-либо неверно.

Настройка шкалы

Что делать
Когда клиент заметит отличия, попросите его установить шкалу в <u>противоположном направлении</u> на два или три деления ниже или выше того, чем есть в данный момент и задайте перечисленные выше вопросы, подходящие для изменения настройки шкалы.

Что делать	Что говорить
Когда клиент заметит отличия, попросите его установить шкалу в первоначальное положение и понаблюдать за изменением. Поскольку изменение меньше, его сложнее уловить, но клиент сможет это сделать.	

После того, как шкала установлена, вы можете обсудить с клиентом варианты уровня ее настройки для следующих ситуаций:
- В классе или на работе, когда нужно сидеть на месте;
- При работе с другими в классе или на рабочем месте;
- На площадке для игр или во время занятий спортом;

- При выполнении домашнего задания;
- Во время приготовления ко сну и засыпания;
- Для контроля за чувством времени;
- Для оценки своего состояния по сравнению с другими людьми и налаживания с ними хороших отношений.

В дальнейшем вы можете спрашивать человека, на какой отметке находится его шкала, и он сможет вам ответить. В течение какого-то времени вы можете ему напоминать настраивать свою шкалу на нужное деление в соответствии с конкретным видом деятельности до тех пор, пока он автоматически не начнет это делать.

ГЛАВА 32: Координация

После того, как вы закончили выполнять упражнения по методике «Точная настройка», хорошо обратиться к быстрому и простому способу, который навсегда поможет устранить *путаность в понятиях «лево» и «право»*. Этот процесс также направлен на решение проблемы диспраксии, описанной в главе 11. Мы называем это терапией мячика «куш» *(англ. «koosh», по звуку, который мячик производит, приземляясь на руке)*, потому что мы используем для этого легкие пушистые игрушечные мячики из резиновой тесьмы. Мы не рекомендуем использовать другие мячики, например, для большого или настольного тенниса, потому что они отскакивают от ладони прежде, чем человек может их схватить.

Вы можете начать практические упражнения после процедуры «Точная настройка», описанной в предыдущей главе.

Встаньте от человека на расстоянии примерно 2-3 метра (в случае с маленькими детьми — на более близком). Начните с того, что попросите человека «проверить его точку». Когда человек находится в точке (сориентирован), попросите его сбалансировать тело, стоя на одной ноге. Он может стоять на левой или на правой ноге и в любое поменять ногу.

Возьмите оба мячика в одну руку. После того как человек сбалансирует свое тело на одной ноге, скажите ему: «Поймай один мячик одной рукой, а другой мячик — другой рукой».

1. Движением снизу бросьте по очереди оба мячика. Не бросайте сильно, бросок должен быть направлен в верхнюю центральную часть грудной клетки человека. При каждом броске мячика говорите: «Один — одной рукой, другой — другой рукой».

2. Когда человек сможет ловить мячик одной или другой рукой, не теряя равновесия, повторите: «Один — одной рукой, другой — другой рукой». Затем бросьте оба мячика *одновременно.* Бросок должен быть направлен прямо перед человеком на линию симметрии

его тела.

Если бросок сделан правильно, каждый мячик окажется по каждую сторону линии симметрии тела. Обязательно бросайте мячики так, чтобы их можно было легко поймать. Когда человек поймает оба мячика, похвалите его и повторите упражнение.

Один — одной рукой, другой — другой рукой

3. Через некоторое время скажите ему: «Сейчас я брошу оба мячика, сместив их в одну сторону от тебя. Я хочу, чтобы ты поймал их, не потеряв равновесия». Бросайте оба мячика со смещением то в одну, то в другую сторону, так, чтобы человек пересекал линию симметрии своего тела другой рукой с целью поймать оба мячика. При броске не направляйте мячики слишком далеко в сторону, в противном случае вы заставите человека потерять

равновесие.

Это упражнение хорошо выполнять во время перерыва при применении методики «Освоение символов» для маленьких слов.

Пересечение линии симметрии тела.

ГЛАВА 33: Основная форма методики «Освоение символов»

Ранее я говорил о том, что замешательство в связи со значением слов-пускателей является причиной, лежащей в основе дезориентации, которая вызывает симптомы дислексии. Они являются самыми главными виновниками, но есть также и много других символов, которые могут вызвать дезориентацию. У большинства дислектиков дезориентация будет «запускаться» некоторыми отдельными буквами алфавита и некоторыми знаками препинания, математическими символами и цифрами.

Для действительной коррекции неспособности к обучению все слова и символы, запускающие дислексию, необходимо выучить так хорошо, чтобы дойти до их освоения.

В идеальном случае эти упражнения должны проводиться с человеком индивидуально у него дома. Следует делать частые перерывы, особенно после достижения успеха.

Если человек испытывает затруднения или абсолютное замешательство и дезориентацию, вы обязательно должны прервать занятия. Обычно имеется безошибочная индикация того, что в окружении существует отвлекающий внимание аспект: физический или эмоциональный; или же ранее было пропущено состояние замешательства или дезориентации. Прежде, чем продолжать занятия, следует обязательно выяснить причину и устранить ее.

Вот способы, которые также могут способствовать реализации этого процесса:

1. Вы делаете упражнения и пластилиновые модели вместе с человеком.
2. Человек дает вам указания или проверяет вас по только что пройденному материалу.
3. Вы по очереди с человеком составляете примеры предложений и примеры для использования.

Вам потребуются следующие материалы:

Основная форма методики «Освоение символов»

- 1 кг пластилина для каждого человека;
- образцы алфавита в прописных и строчных буквах (увеличьте примеры на страницах 310 и 311 в качестве образца);
- словарь;
- учебник грамматики;
- буквари, сборники текстов для чтения, рабочие тетради, журналы и другие материалы для чтения;
- бумага;
- карандаш;
- инструменты для резки и формовки пластилина;
- ножницы;
- бумажные полотенца или салфетки для вытирания рук.

Конец алфавитной песенки

После выполнения процедуры «Консультация для ориентации» либо «Выравнивание» применяется методика «Освоение символов», предназначенная для освоения алфавита и знаков препинания.

Мы используем основную форму методики «Освоение символов» для освоения букв и символов. Процесс прост. Мы только хотим, чтобы человек освоил символы так, чтобы они больше не запускали дезориентацию. Он создает каждый символ, вылепливая его из пластилина, идентифицирует его и учится им пользоваться. Что касается алфавита, то человек у нас создает каждую букву. Мы начинаем с заглавных букв, отрабатывая их от А до Я.

Процедура освоения алфавита

1. Познакомьте человека с пластилином. Научите придавать ему форму, резать и катать его.
2. При любом признаке дезориентации всегда прекращайте занятия и вежливо говорите человеку: «Проверь свою ориентацию», «Найди свою точку/точки» или «Почувствуй твои воображаемые руки». Затем возобновите занятия.
3. Пусть человек сделает алфавит из заглавных печатных букв, от А до Я, в прямом порядке. Высота букв должна быть не менее 5 см. Рядом с человеком должны находиться напечатанные образцы букв, так чтобы он мог на них смотреть.

Основная форма методики «Освоение символов»

4. Спросите человека: «Чей это алфавит?» Повторяйте этот вопрос в диалоговом режиме, пока человек не скажет: «Мой». Затем спросите его: «Почему?» или «Как это случилось?», пока человек не скажет: «Потому что я сделал его» или «Потому что я создал его».

5. Пусть человек проверит, правильно ли расположены все буквы и в должной ли последовательности, одинаковы ли они по размеру. Если найдены ошибки, путь человек сделает сравнение с образцом и исправит их.

ПРИМЕЧАНИЕ: Занимаясь по методике «Освоение символов», никогда не критикуйте творческие способности человека. Не указывайте на конкретные ошибки. Пусть он сам найдет их, сравнивая алфавит, который он слепил из пластилина, с написанным образцом.

6. Спросите человека: «Тебе нравится твой алфавит?» В случае отрицательного ответа, спросите, что могло бы быть лучше, и пусть он его исправляет до тех пор, пока не будет им доволен.
7. Спросите, сколько букв в алфавите. В случае, если он не уверен, пусть посчитает их (медленно). Повторяйте это упражнение до тех пор, пока человек не будет абсолютно уверен в том, что букв тридцать три.
8. Пусть он медленно и обдуманно прикасается к каждой букве и называет их в прямом порядке расположения.
9. Пусть человек прикасается к каждой букве и называет их в обратном порядке, начиная с Я.
10. Отмечайте все ошибки, проявления сомнения и замешательства.
11. Когда встречаются буквы, вызывающие признаки замешательства, или такие, которые человек не может различить, спросите его:
    - А. «*Что есть похожее у этих двух букв?*»
    - Б. «*Чем отличаются эти две буквы?*»

Попеременно задавайте вопросы (А) и (Б) до тех пор, пока вы не перестанете получать ответы.

Основная форма методики «Освоение символов»

Если человек делает ошибки, связанные с определением последовательности или если он пропускает буквы, спросите его (когда он смотрит на букву):

- А. «*Какая буква стоит перед _____?*»
- Б. «*Какая буква стоит после _____?*»

12. Пусть человек касается букв и называет их в прямом и обратном порядке. Повторяйте до тех пор, пока этот процесс не станет простым и легким для него.
13. Пусть человек расскажет весь алфавит в прямом порядке, при необходимости, глядя на буквы.
14. Назовите букву алфавита, и пусть человек прикоснется к буквам, стоящим перед и после нее, и назовет их. Делайте это до тех пор, пока он не сможет легко и быстро находить любую букву в алфавите.
15. Пусть человек расскажет алфавит в обратном порядке, подглядывая столько раз, сколько ему будет нужно, чтобы сделать это верно. И снова выявляйте буквы, вызывающие проблемы, к примеру, неоднократное подглядывание, замешательство и путаницу. Проверяйте ориентацию и при необходимости применяйте к этим буквам пункт 11. Занимайтесь этим до тех пор, пока человек не сможет рассказать весь

алфавит в обратном порядке хотя бы один раз, не подглядывая.

16. При первых же проявлениях напряжения или фрустрации ПРЕКРАТИТЕ выполнять упражнение. Сделайте небольшой перерыв. Затем проверьте ориентацию и вернитесь к этапу, предшествовавшему тому, на котором возникла проблема. Повторите данный этап, достигая новых успехов.

17. Продолжайте упражнения с алфавитом в прямом и обратном порядке до тех пор, пока человек не будет его знать и не сможет легко и свободно рассказать в обоих порядках расположения. Щедро похвалите его за результат. После такого успеха всегда надо сделать хороший перерыв.

18. Теперь пусть человек сделает алфавит в письменном варианте (строчные печатные буквы) в обратном порядке, от «я» до «а», (сохраняя правильность написания каждой буквы). Воспользуйтесь примерами, приведенными в начале этой главы.

Основная форма методики «Освоение символов»

Строчные печатные буквы делаются в обратном порядке

19. Как описано выше, работайте с проблемными буквами, при необходимости проверяйте ориентацию и пусть человек сам проверяет правильность.
20. Теперь человеку надо прикоснуться к буквам и произнести их в обратном порядке, от «я» до «а».
21. Затем пусть он расскажет алфавит в прямом порядке. Следите за любыми проявлениями «алфавитной песенки» и не позволяйте человеку торопиться; пусть он произносит каждую букву отдельно и четко.

Дар дислексии

АБВГДЕЁЖЗИЙК
ЛМНОПРСТУФХ
ЦЧШЩЪЫЬЭЮЯ

Здесь приведены заглавные и строчные буквы, применяемые при методике «Освоение алфавита по системе Дейвиса». Они оптимизированы для моделирования из пластилина. Увеличьте эти страницы примерно на 150% на фотокопировальном устройстве, затем разрежьте на три полоски. Склейте их, чтобы получить длинные полосы следующего вида:

АБВГДЕЁЖЗИЙКЛМНОПРСТУФХЦЧШЩЪЫЬЭЮЯ

Основная форма методики «Освоение символов»

яюэыьщшццчхфутсрпонмлкйизжёедгвба

яюэьыьщшщцчй
футсрпонмлки
изжёедгвба

23. Выбрав произвольно любую букву, спросите, какая буква идет перед ней и после нее. Пусть человек подглядывает, когда ему это необходимо, до тех пор, пока не сможет свободно сказать вам, какие буквы стоят до и после каждой буквы алфавита, выбирая букву произвольно и не подсматривая.

Дополнительные упражнения, которые можно было бы выполнять сейчас или позднее, включают:

- *Находить заглавные буквы в окружающей обстановке и называть их.*
- *Находить в словаре разделы на определенные буквы.*
- *Идентифицировать буквы в книге.*
- *Находить разделы на соответствующие буквы в ящичках каталогов, телефонных книгах, энциклопедии и т. д.*
- *Обращать внимание на различные типы шрифтов и гарнитур.*
- *Писать буквы.*

Основная форма методики «Освоение символов»

Работа с алфавитом закончена, когда человек может рассказывать алфавит в прямом и обратном направлении одинаково легко и одинаково быстро, а также сможет сказать, какие буквы стоят перед и позади любой буквы в алфавите. Это означает, что он знает алфавит достаточно хорошо, чтобы не зависеть от «алфавитной песенки». Больше нет необходимости петь ее в уме, так что эта привычка исчезнет.

Освоение знаков препинания

1. Найдите и обсудите определение словосочетания «знаки препинания» в простом словаре.
2. Пусть человек слепит точку из пластилина.
3. Пусть человек напишет или скопирует название знака на небольшом листе бумаги (половина обычного листа бумаги для печати и копирования) и разместит пластилиновую модель знака на бумаге на правильное место относительно написанного слова. Из этого можно сделать интересную игру.
4. Укажите на примеры знака в различных текстах, например, в букваре, журнале, на вывеске и т. д. Укажите также на отличия каждой формы в зависимости от типа шрифта

и гарнитуры.
5. Пусть человек найдет примеры каждого знака в различных текстах.
6. Обратитесь к учебнику грамматики или словарю и изучите общепринятое употребление каждого непонятного клиенту знака препинания. Объясните, что он должен *делать*, когда во время чтения вслух видит знак препинания. Он должен останавливаться в случае точки, делать паузу, если видит запятую, произносить с восходящей интонацией, когда стоит знак вопроса, и т. д.
7. Пусть человек устно или письменно даст примеры применения каждого знака препинания.
8. Убедитесь, что человек умеет произносить название каждого знака.
9. Повторите пункт 2 — 8 для следующих знаков препинания:

    вопросительный знак
    восклицательный знак
    запятая
    тире
    дефис
    кавычки
    круглые скобки
    квадратные скобки

Основная форма методики «Освоение символов»

многоточие
звездочка
двоеточие
точка с запятой
косая черта (слеш)

Поскольку слова являются символами, которые представляют, как звук, так и значение, важно, чтобы с человеком было также проработано произношение всех звуков речи. Для этого не нужен логопед, нужен только образец правильного произношения, взятый в любом словаре и хороший наставник.

Если цифры являются пускателями дезориентации для человека, такой же базовый алгоритм прорабатывается и для цифр. Все это выполняется до того, как вы приступаете к списку слов-пускателей.

Дополнительные упражнения по освоению символов

Освоение произношения

Прим. редактора: в английских словарях, как правило, помимо письменного вида каждого слова дается транскрипция его звучания. В английском языке отсутствует регулярное соотношение между орфографией и произношением слов. Русские словари, как правило, транскрипций слов не дают. Что касается работы с русскоязычными дислектиками, следующая процедура может быть ценной для тех, кто изучает английский, как иностранный язык и проходил «Освоение алфавита по методу Дейвиса» не только кириллицей, а также латиницей; для тех, кто неверно произносит определенные звуки на родном языке; и/или для тех, кто путает последовательность звуков в определенных словах (напр. говорит «лошадь жрет» вместо «лошадь ржет»):

1. С помощью транскрипции в словаре (*прим. редактора: или из другого источника фонетической транскрипции*) продемонстрируйте произношение каждой буквы и поупражняйтесь в том, как они создаются ртом, губами, языком и гортанью.
2. Объясните каждый из различных символов (диакритических знаков), используемых в транскрипции, один за другим, по очереди, приводя много примеров.
3. Объясните, что такое слог, затем поупражняйтесь в определении и подсчете слогов в нескольких различных словах.
4. Объясните, как используются ударение и знак ударения.

Основная форма методики «Освоение символов»

5. Найдите в словаре слово, произношение которого человек не знает. Пусть он выяснит с помощью транскрипции, как его следует правильно произносить — по одному слогу, правильно ставя ударение.

Типы шрифтов и гарнитуры

1. Используя различные тексты или, в идеальном варианте, книгу с типографскими гарнитурами, укажите на некоторые различия в буквах и цифрах при применении различных гарнитур.
2. Пусть человек найдет несколько различий и укажет на них.
3. Пусть человек обратит внимание на различия между:

    - Печатными заглавными и печатными строчными буквами «д», «ж» и «л» в разных типах шрифтов;
    - Печатными строчными буквами «а» и «б» в разных типах шрифтов;
    - буквами шрифта с засечками и без них.

4. Будьте внимательны, чтобы не пропустить дезориентацию и всегда просите человека скорректировать ее.

5. При необходимости можно предложить человеку сделать из пластилина различные типы букв и отметить их различия и сходства.
6. Хорошим примером и источником различных типов шрифтов являются компьютерные шрифты, телефонная книга, буквы в комиксах, а также газетные и журнальные объявления.

Другие символы

По аналогии с вышеизложенным можно рассмотреть, объяснить и освоить математические, научные, измерительные, музыкальные и другие символы, запускающие дезориентацию.

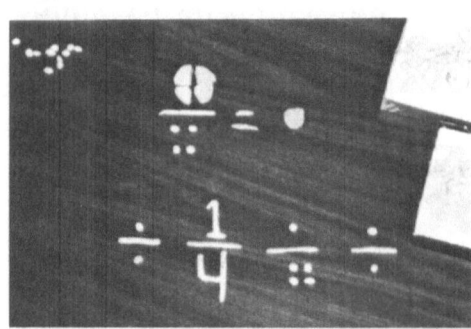

Пример того, как применяется методика «Освоение символов», чтобы представить математическую концепцию дроби ¼.

Основная форма методики «Освоение символов»

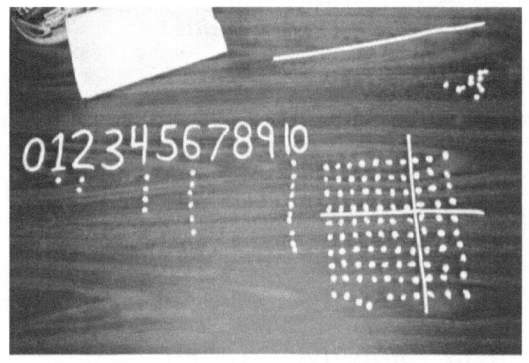

Пример того, как применяется методика «Освоение символов», чтобы показать значения цифр 1, 2, 4, 6 и 10, а также концепцию 7 x 4 = 28.

Ерунда для первого класса

У Дэна, который пришел к нам на программу «Консультация для ориентации» в конце обучения в восьмом классе с намерением перехода в девятый, было к происходящему такое же отношение, как и у большинства подростков с дислексией. От него исходил дух преувеличенной уверенности в себе, и он максимально использовал свою естественную способность говорить быстро и без умолку. Дэн мог бы стать великим коммивояжером, если бы даже никогда ничего не делал бы со своей неспособностью к обучению.

Его первая «Консультация для ориентации» прошла хорошо, и ему было легко сохранять ориентацию.

Когда мы попросили его сделать алфавит из пластилина, то реакция была такая же, как и у многих взрослых и подростков: «Это ерунда для первого класса». Он ворчал, но проделал все основные упражнения по методике «Освоение символов» и выучил алфавит в прямом и обратном порядке.

Первое слово из списка слов-пускателей, которое он выбрал для освоения, было английское слово «*the*». Чтобы показать его определение, он сделал шарик из пластилина и фигурку человека, указывающего на шарик. Внезапно лицо Дэна покраснело и из глаз полились слезы. Он стукнул кулаком по столу и сказал: «Черт побери! Почему они не учили меня этому в первом классе? Это так просто!». «Я думаю, они просто не знали, как», — это был лучший ответ, который я мог придумать.

ГЛАВА 34: Три шага к легкому чтению

Способность восприятия и чувство уверенности у дислектиков

Поскольку у дислектиков внимание и осознание широко рассеяны на окружающий мир, они, естественно, будут *смотреть* на слово также, как смотрят на дерево в парке. Они не видят сначала листья на левой стороне, потом ветки, затем ствол, потом ветки и листья на правой стороне. Они просто видят все дерево.

Когда дислектики учатся читать, глядя на целые слова, они всегда будут отгадывать, чем является каждое слово, основываясь на его общем виде. Отгадывание исключит чувство определенности, необходимое им для приобретения уверенности в своих способностях читать.

Эти простые методы были разработаны для того, чтобы обучить тех, кто не может читать, самым основным приемам, необходимым для свободного чтения, и помочь дислектикам научиться читать легко и понимать прочитанное.

В полной мере данная методика должна применяться после того, как человек закончит этапы «Освоение алфавита» и «Освоение пунктуации», как описано в главе 31. Вы также можете пользоваться этими методами при проведении непродолжительного занятия по чтению после завершения последнего этапа по программе «Предоставление рекомендаций по контролю за ориентацией», описанного в главе 27.

Начинайте использовать данные методы, когда человек приступает к этапу «Освоение символов» непосредственно для маленьких слов из списка. Это помогает разнообразить программу и время от времени менять задания. Так процесс обучения не будет скучным.

Три шага к легкому чтению

1. Чтение по буквам

Этап «Чтение по буквам» преследует следующие цели:

1. научить человека при чтении переводить взгляд слева направо;
2. помочь человеку научиться узнавать группы букв как слово.

Занятие по методике «Чтение по буквам» должно длиться максимум десять минут и между занятиями должны быть такие же по продолжительности перерывы. На этом этапе понимание человеком того, что он читает, значения не имеет. Вашей целью является только научить его узнавать буквы в слове, а затем повторить слово за вами. Это не акустический и не фонетический процесс, это просто узнавание букв и слов. Если ранее человеку были даны указания относительно того, как произносится слово и он пытается реализовать это, просто скажите: «Не нужно произносить слово. Всего лишь называй буквы по очереди. Все, что от тебя требуется — это просто называть буквы алфавита в том порядке, в котором они написаны. Затем ты скажешь слово после того, как произнесу его я».

Методика

Методика «Чтение по буквам» приучает мозг и глаза людей при чтении проходить по слову слева направо. Как компьютер должен получать данные в должной последовательности, так и мозг дислектика требует поступления данных в том порядке, в котором предполагается их прочтение. В большинстве языков правильная последовательность для чтения — это слева направо. Конечно, данную методику можно также адаптировать для обучения просмотру строк на втором языке в направлении справа налево или сверху вниз.

У дислектиков обычно есть две привычки, наблюдаемые при чтении, которые ограничивают их способности читать:

1. Пытаются читать слишком быстро.
2. «Чересчур стараются», сильно концентрируясь на материале для чтения.

Эти привычки можно устранить с помощью методики «Чтение по буквам».

Перед началом каждого занятия скажите человеку: «Я хочу, чтобы ты читал медленно и легко. Быть уверенным в том, что читаешь, важнее, чем читать быстро. Ты легко этого достигнешь, если будешь читать медленно и без напряжения».

Кроме того, вы хотите, чтобы человек сохранял ориентацию при выполнении этапа «Прочитать по буквам». Каждый раз, когда человек делает ошибку или проявляет признаки концентрации, попросите его проверить ориентацию. Просто скажите: «Проверь точку». Конечно, вы не будете этого делать при работе с человеком, у которого не было занятия по программе «Консультация для ориентации».

Взрослые и дети

При работе с ребенком воспользуйтесь букварем или книгой для чтения в первом классе. При применении методики «Чтение по буквам» в работе со взрослым выполняйте те же действия, но вам потребуется такой материал для чтения, который не будет казаться унизительным для человека. Возьмите простой текст как, например, эта книга или газета. Даже если изначально текст покажется сложным, то в будущем, когда задание будет выполнено, это сыграет немаловажную роль в самооценке человека.

Начало

Обеспечьте человеку комфортную обстановку с соответствующим освещением.

Способы подачи слов могут быть самыми разными, в зависимости от уровня навыков человека. Большинство людей могут переходить от одного слова к другому на странице печатного текста. Некоторых, возможно, ошеломит количество слов, которые они сразу увидят. В таком случае листом бумаги закройте весь текст ниже строки, которую читает человек. Затем вторым листом бумаги закройте правую часть строки, над которой вы работаете, так чтобы, перемещая лист слева направо, можно было открывать по очереди каждое слово.

Сядьте напротив человека и положите материал для чтения на столе между вами. В начале занятия скажите ему: «Ты читаешь слово по буквам. Потом я произношу слово. Затем ты произносишь слово. Если ты вдруг знаешь, что это за слово, пока читаешь его по буквам, закончи читать его по буквам и дальше произнеси, не дожидаясь меня».

Настаивайте на том, чтобы человек читал медленно и без напряжения.

В ваши обязанности входит не пропустить момент, когда человек потеряет ориентацию. Будьте внимательны, чтобы не пропустить следующего:

- человек заменяет, пропускает или изменяет буквы;
- наклоняет голову ниже к странице;

- меняет манеру речи, например, колеблется, ускоряет или замедляет речь, либо читает монотонно, без выражения;
- потирает шею, ерзает на месте или хмурит брови.

При первых признаках дезориентации закройте текст рукой и попросите человека проверить ориентацию. Если есть необходимость, сделайте небольшой перерыв.

Хвалите за все успехи. Ваша похвала — награда человеку. Она повысит его самооценку.

При выполнении этого упражнения наступит такой момент, когда человек будет узнавать многие слова во время чтения по буквам или даже до того, как начнет читать. В таком случае переходите к этапу «Промети глазами — промети глазами — прочитай по буквам».

Промети глазами — промети глазами — прочитай по буквам

Цель этого этапа — продолжать отрабатывать процесс перемещения взгляда слева направо и узнавать слова.

Даже тут понимание прочитанного еще *не* является целью. Если вы открывали слова, а не указывали на них, пусть человек перемещает листы бумаги, открывая отдельные слова и строки текста. При улучшении навыков узнавания слов и перемещения взгляда у человека, уберите лист бумаги, который вы передвигаете слева направо, и передвигайте только оставшийся лист вниз по странице, открывая поочередно целую строку за строкой.

Новое задание звучит следующим образом: «Промети глазами слово. Если ты не можешь произнести слово, прометите его глазами еще раз. Если ты не можешь произнести его во второй раз, прочитай его по буквам. Затем я скажу тебе, что это, а ты повтори».

При первом признаке дезориентации закройте текст рукой и попросите человека проверить ориентацию.

Искренне хвалите любое проявление успеха.

Если вы работаете с ребенком, используя букварь или книгу для чтения в первом классе, применяйте этот этап до тех пор, пока большинство слов не будут узнаваться на этапе прометания их глазами. Затем скажите: «Эта книга слишком легкая. Нам нужно взять что-нибудь посложнее». Повышайте сложность материала, поднимаясь каждый раз на один уровень. Вначале человек может проявлять сомнение или осторожность относительно чтения более сложного материала. В таком случае скажите: «Если это будет слишком тяжело, мы всегда сможем вернуться назад».

Когда человек сможет узнавать почти каждое слово на соответствующем ему уровне обучения, переходите к следующему этапу: «Пунктуация в образах».

Пунктуация в образах

Единственной целью чтения является понимание читаемого материала. Чтение без полного и окончательного понимания прочитанного, является основным источником непонимания любого предмета на любом уровне.

Целью этапа «Пунктуация в образах» является полное и окончательное понимание прочитанного.

В письменном варианте западных языков после каждой законченной мысли следует определенный знак препинания или же она выделяется с помощью знаков препинания. Каждую законченную мысль можно образно представить или почувствовать.

Скажите человеку: «Сейчас мы добавим значение к тому, что ты читаешь. Для нас знак препинания — это сигнал: «представь!». Когда ты видишь знак препинания, представь себе в уме то, что ты только что прочел».

«Пунктуация в образах» — это дополнительный этап к методике «Промети глазами — промети глазами — прочитай по буквам».

Укажите те знаки препинания, на которых человек должен при чтении остановиться и создать мысленный образ:
- точки
- восклицательные знаки
- вопросительные знаки
- запятые
- кавычки
- точка с запятой
- тире
- круглые или квадратные скобки
- двоеточие

Пусть человек прочтет короткое предложение или часть сложного предложения (только слова до первого знака препинания). Не давайте ему смотреть на только что прочитанное. При необходимости закройте текст рукой.

Спросите человека: «Что ты видишь?»

Если в предложении говорится о том, что изобразить невозможно, например, «давно» или «однажды», спросите: «Что ты чувствуешь?» или «Что это для тебя значит?».

Иногда вам встретятся слова, которые не являются пускателями дезориентации — неизвестные слова, для которых у дислектика просто не существует значения. Когда такое происходит, вы можете объяснить значение слова или посмотреть его в простом словаре.

В какой-то момент человек начнёт читать добровольно, ради удовольствия. Как только вы увидите, что человек читает статьи просто потому, что они интересные, ваша работа выполнена. Продолжайте дальнейшее консультирование только если об этом попросят. И поощряйте человека применять методику «освоение символов» для всех слов или выражений, вызывающих замешательство.

ГЛАВА 35: Процедура методики «Освоение символов»

1. Посмотри слово в словаре или глоссарии.
2. Если ты не знаешь, как оно произносится, выясни это.
3. Прочитай первое определение вслух вместе с предложением, приводимым в качестве примера.
4. Установи четкое понимание определения. Обсуди его. Составь предложения или фразы, используя это слово с таким определением.
5. Сделай из пластилина модель концепции, описанной определением. Ниже описывается, как сделать модель из пластилина.
6. Сделай из пластилина символ или буквы слова. Убедись в том, что орфография правильная. Слово должно быть составлено из строчных

Процедура методики «Освоение символов»

печатных букв, если только оно не является именем собственным, в котором первая буква обычно прописная.

7. Создай мысленный образ того, что было сделано.
8. Скажите вслух пластилиновой модели: «Ты [слово], что значит [определение]». (Пример: «Ты *высокий*, что значит *больше нормальной высоты*».)
9. Скажите вслух слову или символу: «Ты слово [слово]». (Например: «Ты слово *высокий*».)

Продолжай составлять предложения и фразы до тех пор, пока ты не сможешь делать это легко. Убедись в том, что употребление слова соответствует определению, которое ты только что сделал.

Следующие дополнительные упражнения факультативны:

а. Прикоснись к каждой букве слова и назови ее.

б. Напиши слово.

Прежде чем окунуться в работу с маленькими словами, упражняйтесь в выполнении этапов методики «Освоение символов» применительно к простым словам, например, «ягненок», «яблоко» или «*кот*». Имена существительные изображать легко, равно как и делать их из пластилина.

между

в пространстве, которое разделяет; в промежутке, посередине. *(Тарелка ставится между ножом и вилкой).*

в

внутри; по направлению внутрь чего-то
(Фрукты в вазе).

Примеры того, как с помощью методики «Освоение символов» можно представить два определения слова в.

После этого попробуйте поработать с глаголом или именем прилагательным, например, «*прыгать*» или «*высокий*». Это даст человеку возможность научиться выполнять каждый из этапов.

Процедура методики «Освоение символов»

У человека могут быть дополнительные слова-пускатели помимо тех, которые собраны в представленном ниже списке и предназначены для освоения. Это могут быть ключевые слова по трудному предмету, слова, при написании которых постоянно допускаются орфографические ошибки, омонимы, новый словарный запас или слова, которые постоянно читаются неправильно. Просто отметьте их, когда они встретятся, и добавьте в список слов для освоения.

Советы по применению методики «Освоение символов» для маленьких слов

«Слова-пускатели», которые приведены ниже в списке, — это слова, вызывающие состояние замешательства и дезориентации при чтении, письме или общении. Они вызывают состояние замешательства по следующим причинам:

а. У человека нет мысленного образа того, что слово означает или что оно представляет.

б. У многих этих слов есть несколько значений.

Вот советы, которые помогут человеку легче их освоить:

1. Пользуйся словарем, где, наряду с каждым определением, в качестве примеров даются предложения или фразы.
2. Продолжай составлять в качестве примеров предложения и фразы с конкретным определением до тех пор, пока не будешь уверен в том, что ты его понял, можешь легко употреблять слово с данным определением и можешь легко мысленно представить модель из пластилина, которая бы полностью показала это определение.
3. Начни со слов, у которых мало определений, например, местоимения «я», «ты», «вы», «мне», «мы», «ему», «ее», «этот», «эта», «это», «тот», «та», «то»; союз «и»; предлог «в».
4. Заменяй слова в определении на само слово в фразе или предложении. Это помогает разъяснить значение так, чтобы ты знал, правильно ли употребляешь слово.

Пример:

Слово «один» может означать «число, цифра и количество 1», а также «какой-то, некий». Если вы делаете первое определение, где оно означает «число, цифра и количество 1», и у вас есть предложение «Книга стоит один рубль», вы

Процедура методики «Освоение символов»

> можете подставить в предложение определение слова «один». «Книга стоит какой-то (некий) рубль» не имеет смысла. Если подставить другое определение, то будет понятно, что книга стоит денег в количестве один рубль, что правильно передаёт смысл предложения.

5. Сначала займись освоением первого или основного определения каждого слова в списке, создавая на каждом занятии только от 2 до 4 определений. Если за один раз отрабатывать слишком много определений, то может возникнуть состояние замешательства. После того как ты закончишь отрабатывать первое или основное определение каждого слова, снова пройдись по списку и закончи остальные определения для каждого слова.

6. Если ты натолкнулся на определение, которого не можешь понять, то, вероятно, *в самом определении* есть слово, которое ты не понимаешь. Вы можете поискать эти слова в словаре и освоить их или посмотреть в другом словаре, не даётся ли там более понятное объяснение этого конкретного определения.

7. Слово «быть» и его другие формы, например, «есть», «будешь», «была», являются самыми трудными для освоения словами в списке.

Оставь их для освоения в последнюю очередь и пусть у тебя под рукой будет учебник грамматики.

8. Добейся того, чтобы твои пластилиновые модели и фигуры были «реалистичны». Это не означает, что они должны быть в высшей степени художественными или абсолютно такими как в жизни. Это значит, что они должны быть трехмерными и должны представлять физическую реальность так, чтобы ее можно было узнать. Они не должны быть слишком абстрактными или символичными. Маленький шарик пластилина не может представлять машину; у этого шарика должно быть по крайней мере четыре колеса.

9. Пластилиновая модель человечка может быть сделана так, что она будет похожа на палку, но она должна быть достаточно большой и прочной, чтобы она могла стоять сама по себе. Когда тебе нужно показать действие или эмоцию, необходимо, чтобы у модели были руки и ноги, которые можно соответствующим образом расположить, и голова, на лице которой можно вырезать соответствующее выражение.

Процедура методики «Освоение символов»

Сделанная ребенком модель определения слова «и».

10. С помощью пластилиновых стрелок показывай направление или последовательность.
11. С помощью пластилиновой веревочки сделай «комиксный пузырь» и присоедини его к голове человечка, чтобы показать, что ему в голову пришла идея или что он о чем-то думает. В рамках этого «пузыря» покажи, что происходит у него в уме.
12. Сделай из пластилина буквы слов в их строчном «печатном» варианте, в таком, в котором они чаще всего встречаются в книгах. Только имена собственные всегда пишутся с большой буквы. После того, как ты сделал слово из пластилина, проверь и убедись, что его орфография правильная.
13. Некоторые слова группируются по разным временам и формам. Для полного их понимания ты должен воспользоваться учебником грамматики. Это возможность выучить и освоить то, что случится со словом, когда ты

добавишь к нему различные окончания — например, -*шь*, -*т*, -*л* — а также, как слова могут меняться в зависимости от того, говоришь ли ты о настоящем, прошедшем или будущем времени.

14. Осваивая слово за словом, ты можешь заметить, что определения каждого слова группируются в соответствии с тем, что это за слово (части речи: имя существительное, имя прилагательное, наречие, глагол, местоимение, союз, предлог или междометие). Если ты посмотришь в учебник грамматики и выяснишь, что это такое, то различия между определениями могут стать более понятными.

15. Если определение кажется сложным или вызывает состояние замешательства, сделай небольшой перерыв. Посмотри в окно, встань на минутку или просто потянись и обязательно проверяй ориентацию прежде, чем снова начать.

Пластилиновая модель слова «протон»

Процедура методики «Освоение символов»

Маленькие слова
Основные пускатели дезориентации

ПРИМЕЧАНИЕ: *Слова-пускатели, имеющие больше одной формы, выделены* **жирным** *шрифтом и после них приведены другие их формы курсивным шрифтом.*

а	*бываю*	*будут*
без	*бываешь*	*будь*
близко	*бывает*	*будьте*
больше	*бываем*	**в**
более	*бываете*	*во*
брать	*бывают*	**ваш**
беру	*бывал*	*ваша*
берешь	*бывала*	*ваше*
берет	*бывало*	*вашего*
берем	*бывали*	*вашей*
берете	**быть**	*вашем*
берут	*есть*	*вашему*
брал	*был*	*ваши*
брала	*была*	*вашим*
брало	*было*	*ваших*
брали	*были*	*вашу*
бери	*буду*	вверх
берите	*будешь*	вдоль
будто	*будет*	ведь
бы	*будем*	**весь**
бывать	*будете*	*все*

всего	*вокруг*	**вы**
всей	*вот*	*вас*
всему	*вперед*	*вам*
всем	*впереди*	*вами*
всеми	*впрочем*	*где*
всех	*вроде*	*где-то*
все	*вряд ли*	*гораздо*
всем	*всегда*	*да*
всю	*все-таки*	*давно*
вся	*вскоре*	*даже*
весьма	всюду	далеко
взять	**всякая**	дальше
возьму	*всякой*	**делать**
возьмешь	*всякую*	*делаю*
возьмет	*всякие*	*делаешь*
возьмем	*всяких*	*делает*
возьмете	*всяким*	*делаем*
возьмут	*всякими*	*делаете*
взял	*всякий*	*делают*
взяла	*всякого*	*делал*
взяло	*всякому*	*делала*
взяли	*всяким*	*делало*
возьми	*всяком*	*делали*
возьмите	*всякое*	*делай*
вместо	*всякого*	*делайте*
вниз	*всякому*	для
вновь	*всяким*	до
возле	*всяком*	довольно

Процедура методики «Освоение символов»

должен	за	*имеешь*
должна	*затем*	*имеет*
должно	*зато*	*имеем*
должны	*зачем*	*имеете*
другая	*здесь*	*имеют*
другой	*и*	*имел*
другую	**идти**	*имела*
другие	*иду*	*имело*
других	*идешь*	*имели*
другим	*идет*	*иначе*
другими	*идем*	*иногда*
другое	*идете*	**иная**
другого	*идут*	*иной*
другому	*шел*	*иное*
другим	*шла*	*иного*
другом	*шло*	*ином*
другой	*шли*	*иному*
другого	*иди*	*иную*
другому	*идите*	*иные*
другим	**из**	*иным*
другом	*изо*	*иными*
едва	*из-за*	*иных*
если	*из-под*	*итак*
еще	*или*	*их*
жалко	*именно*	**к**
жаль	**иметь**	*ко*
же	*имею*	**каждая**

каждой	*который*	*меньше*
каждую	*которых*	*мимо*
каждое	*кроме*	**многие**
каждого	*кстати*	*многих*
каждому	**кто**	*многим*
каждым	*кого*	*многими*
каждом	*кому*	*много*
каждые	*кем*	*можно*
каждых	*ком*	**мое**
каждым	*кто-то*	*моего*
каждыми	*куда*	*моей*
каждый	*ли*	*моему*
каждого	*либо*	*моем*
каждому	*лишь*	*мои*
каждым	**любая**	*моим*
каждом	*любое*	*моими*
казаться	*любого*	*моих*
кажется	*любой*	*мой*
которая	*любом*	*мою*
которого	*любому*	*моя*
котором	*любую*	**мочь**
которому	*любые*	*могу*
которой	*любых*	*можешь*
которую	*любым*	*может*
которым	*любыми*	*можем*
которые	*мало*	*можете*
которым	*между*	*могут*
которыми	*менее*	*мог*

Процедура методики «Освоение символов»

могла	нашими	никакие
могло	нашу	никаких
могли	не	никаким
мы	некогда	никакими
нас	**некоторая**	никакого
нам	некоторого	никакое
нами	некоторое	никакой
на	некоторой	никакому
наверно	некотором	никакую
наверное	некоторому	ни о каких
над	некоторые	ни о каком
надо	некоторым	никогда
назад	некоторый	**никто**
наиболее	некоторых	никого
наконец	некоторую	никому
напрасно	немало	никем
насчет	несколько	ни о ком
наш	нет	**ничего**
наша	неужели	ничему
наше	**нечто**	ничем
нашего	нечего	ничто
нашей	нечему	ни о чем
нашем	нечем	но
нашему	не о чем	нужно
наши	ни	нынче
наших	никак	ныне
нашим	**никакая**	о

об	оно	*пусть*
обо	*опять*	*равно*
обратно	от	*ради*
однако	*откуда*	*раз*
около	*отсюда*	*разве*
он	*оттого*	*рядом*
его	*оттуда*	**с**
ему	*отчего*	*со*
им	*очень*	**сам**
нем	*перед*	*сама*
него	*по*	*сами*
нему	*под*	*само*
ним	*пока*	*самом*
она	*пора*	*самым*
ее	*поскольку*	**своя**
ей	*после*	*своего*
ею	*потом*	*своей*
ней	*потому*	*своему*
нее	*почему*	*свое*
ней	*почему-то*	*своем*
нею	*почти*	*свои*
они	*поэтому*	*своим*
им	*право*	*своих*
ими	*прежде*	*свой*
их	*при*	*свою*
ним	*про*	**сделать**
ними	*просто*	*сделаю*
них	*прямо*	*сделаешь*

Процедура методики «Освоение символов»

сделает	стану	такую
сделаем	станешь	таким
сделаете	станет	таком
сделают	станем	там
сделал	станете	**твой**
сделала	станут	твоего
сделало	стал	твоему
сделали	стала	твое
сделай	стало	твоем
сделайте	стали	твоим
себя	столь	твои
себе	столько	твоих
собой	сюда	твоя
собою	**та**	**ты**
сейчас	той	тебя
сквозь	ту	тебе
сколько	так	тобой
скоро	также	хотя
слишком	**такая**	хоть
словно	такие	чей
сначала	таким	через
снова	такими	**что**
совсем	таких	чего
справа	такое	чем
сразу	такого	чему
среди	такой	чем
стать	такому	чтобы

что-нибудь	этих	этот
что-то	это	эту
эта	этого	**я**
эти	этой	меня
этим	этом	мне
этими	этому	мной

ГЛАВА 36: Продолжение процесса

Целью проведения кого-либо через процедуры, описанные в предыдущих главах, является коррекция неспособности к обучению как проявления дислексии.

На реализацию программы, которая предлагается в нашем консультационном центре, уходит в среднем тридцать часов. Большая часть этого времени посвящена применению методики «Освоение символов» к характерным для данного человека уникальным символам-пускателям. Наша работа заключается в том, чтобы обучить людей навыкам контроля за своей ориентацией и помочь им освоить методику «Освоение символов». После того, как они закончат выполнение нашей программы, задачей будет отработать слова из списка «Маленькие слова».

Мы также обучаем родителей, одного из супругов или других членов семьи основным методам осуществления руководства так, чтобы они могли продолжать оказывать помощь дома. Люди, которые проходят программу, возвращаются на одно или два коротких занятия для проведения «настройки».

Задача коррекции не выполнена, пока у человека еще запускаются компульсивные решения. Продолжая применять старые решения, человек не избавился от проблемы, с которой он пришел: долгосрочно ничто не изменится. Таким образом для того, чтобы дислексия была скорректирована, старые компульсивные решения должны уйти.

Вся последовательность событий, приведших к тому, что человек прибегает прежде всего к старым решениям, получила начало только потому, что он не мог думать с помощью письменного символа либо слова-пускателя. Освоение только первого или основного определения такого слова уже позволит человеку начать мыслить этим словом невербально. Оно прекратит развитие процесса, вызывающего старое решение. По мере освоения каждого слова, даже частично, старые решения постепенно исчезнут сами собой.

Продолжение процесса

Старые решения больше не стимулируются, следовательно, они не возникают автоматически. По мере того, как человек познает жизнь, он будет открывать для себя приемы, которые работают лучше, чем старые решения. Как только человек узнает лучший способ исполнения чего-либо, старые решения вытесняются.

Утверждение, что глубоко сидящие в человеке компульсивные виды поведения могут просто исчезнуть сами по себе, может звучать невероятно, но они исчезают, особенно в атмосфере терпения и понимания. Через несколько месяцев большинство из них должно уйти.

Ощущение исчезновения старого решения — это все, что нужно человеку для абсолютной уверенности в том, что его дислексия корректируется и что это изменение носит постоянный характер.

Однако речь идет не о том, что дислектик должен освоить только первое или основное определение слов-пускателей. На этом этапе начинают исчезать старые решения, а слово в действительности не будет освоено до тех пор, пока не будут освоены все его определения. Дислектики должны упражняться в своем *даре мастерства* и довести дело до конца.

Человек также должен не забывать проверять ориентацию каждый раз, когда по какой-либо причине возникает дезориентация. В жизни человека или в его окружении будут другие вещи, не только слова, стимулирующие дезориентацию. Такие проявления спонтанной дезориентации не являются дислексией, но их характеристики те же. Они часто могут вызывать фобии. Ориентация *выключает* их. Однако вопрос о фобиях не является предметом данной книги.

Человек также должен продолжать осваивать слова, вызывающие замешательство, по мере того как он с ними сталкивается. Для этого он должен применять методику «Освоение символов». Это прекрасный способ изучать новые предметы. Фактически многим скорректированным дислектикам, которые учатся в колледжах и университетах, простое освоение слов в глоссариях учебников с применением этой процедуры позволило повысить их успеваемость.

Заключительная мысль, с которой я хочу вас оставить, — это слова, сказанные мною в конце главы 21.

*Когда кто-то
осваивает что-то,
оно становится частью
этого человека.
Оно становится частью
мыслей и творческого процесса
индивидуума.
Оно добавляет качество
своей сущности ко всей
последующей мысли
и творческим способностям
индивидуума.*

Рональд Д. Дейвис
Дар дислексии

ПРИМЕЧАНИЕ: Эта страница не защищена авторскими правами. Вы смело можете увеличить ее на копировальном аппарате.

Рекомендуемая для чтения литература на английском языке

Armstrong, Thomas, PhD
The Myth of the ADD Child
Dutton
Доктор Армстронг представляет 50 стратегий, которые могут использовать родители для улучшения поведения детей и фокусировки внимания без таблеток, ярлыков или принуждения.

Davis, Ronald D.
The Gift of Learning: Proven New Methods for Correcting ADD, Math and Handwriting Problems
Perigee
Предлагает новаторскую теорию и подробные инструкции по подходу Дейвиса к решению проблем с фокусировкой внимания, математикой и почерком.

Freed, Jeffrey, and Laurie Parsons
Right-Brained Children in a Left-Brained World: Unlocking the Potential of Your ADD Child
Fireside
Эта книга предлагает пошаговую программу, которая показывает родителям, как способности

Рекомендуемая для чтения литература на английском языке

особенного ребенка сделать своими союзниками в работе с ребенком СДВГ.

Hartmann, Thom
Attention Deficit Disorder: A Different Perception
Underwood Books
Излагает преимущества ума людей с СДВГ и дает «легко отвлекаемым» людям веские причины радоваться своему творческому стилю мышления.

Hall, Sue
Fish Don't Climb Trees: A Whole New Look At Dyslexia
Friesen Press

Marshall, Abigail
When Your Child Has... Dyslexia
Adams Media
В этом справочнике информация о диагностике, коррекции и успехах детей с дислексией. Данный справочник поможет Вам научить детей справляться с трудностями в обучении и с проблемами в социальных отношениях. Научит Вас как правильно выбрать школу, уменьшить академические сложности и поддерживать своего ребенка.

Marshall, Abigail и Davis, Ronald D.
Autism and the Seeds of Change: Achieving Full Participation in Life through the Davis Autism Approach
Createspace Independent Pub.

Подход Дейвиса к аутизму позволяет уникальным образом войти в мир людей с аутизмом, научить их понимать законы, мотивацию и поведение, по которым живут нейротипичные люди, понять как устроен окружающий мир. Эта книга рассказывает историю развития методов Дейвиса, проводит связи с новыми научными исследованиями и объясняет три этапа программы: индивидуация, развитие личности и социальная интеграция.

Maxwell, Betty и Punch, Crystal
Picture It!: Teaching Visual-Spatial Learners
Createspace Independent Pub.

Эта книга освещает способности визуально-пространственно думающих людей. Описывает сложности, с которыми приходится сталкиваться таким детям в традиционной учебной среде. Книга дает стратегии, которые помогут детям использовать свои сильные стороны в учебе и жизни. Она может быть полезна учителям, родителям и самим визуально-пространственно мыслящим детям. Книга была написана с участием Методиста Дейвиса.

Smith, Joan
You Don't Have to Be Dyslexic
Learning Time Products
Доктор Смит описывает подходы к диагностике и терапии, которые доказали свою эффективность в помощи детям и взрослым с дислексией. В книге приведено много примеров из практики.

Whitehead, Richard
Why Tyrannosaurus But Not If?
Create-A-Word Books
Обзор подхода Дейвиса с точки зрения учителя. Опыт работы учителем на протяжении 10 лет и понимание того, как работает ум диалектичного ребенка, позволил автору разработать стратегии и применять их на практике. Излагаются проверенные стратегии с помощью детальных сценариев учебных модулей.

Дар дислексии

Организации и ресурсы по методам Дейвиса

Davis Learning — Baltic Association
(Балтийская ассоциация по методам Дейвиса)
Raekoja plats 14, 10146 Tallinn, Эстония
Тел: +372 56 509 840
Почта: info@dyslexiadar.com
www.dyslexiadar.com

Davis Learning — Baltic Association (Эстония) — единственный официальный представитель Международной ассоциации коррекции дислексии по методу Дейвиса (DDAI, США) на территории Эстонии, Латвии, Литвы, России, Украины, Беларуси, Казахстана, стран СНГ, Финляндии и Швеции. Ассоциация проводит обучение методу Дейвиса на русском языке для лицензирования и сертификации методистов и оказывает последующую техническую поддержку методистам, проводит семинары по программе «Подход Дейвиса к аутизму» и предлагает мастерские «Учебные Стратегии по методу Дейвиса» с последующей программой наставничества для учителей начальных классов.

Дар дислексии

Davis Dyslexia Association International (DDAI)

1601 Old Bayshore Highway, Suite 260, Burlingame, CA94010, США
Тел: +1 650 692 7141
www.dyslexia.com

Международная Ассоциация по методу Дейвиса (DDAI, www.dyslexia.com), обеспечивающая лицензирование и сертификацию методистов Дейвиса по коррекции дислексии. DDAI выпускает ежеквартальный информационный бюллетень «The Dyslexic Reader» («Читатель-дислектик»), где описываются интересные примеры из жизни дислектиков и дается много другой ценной и любопытной информации.

Ron Davis Autism Foundation (RDAF)

Почта: admin@rdautismfoundation.org
www.rdautismfoundation.org

Некоммерческая организация, работа которой направлена на раскрытие потенциала людей с нейроразнообразным мышлением. Применяемые методы позволят таким людям в полной мере участвовать в своей жизни, которую они выберут себе сами. Также обучаем неравнодушных и талантливых людей работать с людьми РАС, используя уникальный метод «Подход Дейвиса к аутизму» Данный метод представляет техники и стратегии, разработанные аутичным человеком для аутичных людей.

www.dyslexiatalk.com

Онлайн-форум поддержки для родителей, учителей и взрослых с дислексией.

www.davislearn.com

Информация для учителей и директоров школ: программа «Учебные стратегии по методу Дейвиса» направлена на улучшение обучения детей в начальных классах.

www.thedyslexicreader.org

Архивные копии информационного бюллетеня «Читатель-дислектик».

Дар дислексии

Общие организации по поддержке дислексии

Беларусь

Дислексия Беларусь
https://dyslexia.by/

Некоммерческая инициатива, объединяющая людей с дислексией и другими трудностями обучения в Беларуси.

Казахстан

Социальный центр дислексии
https://dyslexiacentre.kz/

Проект по запуску Социального центра Дислексии в рамках проекта КФ «Болашак» «Каждый ребенок достоин школы». Проект направлен на создание экосистемы по работе с детьми с трудностями в обучении в Республике Казахстан.

Россия

Ассоциация родителей и детей с дислексией
https://dyslexiarf.com/

Инициативная группа деятелей культуры, науки и бизнеса, созданная в 2016 году. Миссия Ассоциации — дать детям с дислексией и другими трудностями обучения возможность получить качественное образование и реализовать свой профессиональный потенциал.

Дар дислексии

Дар дислексии

Глоссарий

Аграфия: Неспособность манипулировать пишущим инструментом или выражать мысли в письменном виде. *Человек с аграфией может иметь развитую речь, но не может писать.*

Акалькулия: неспособность развить математические навыки. *Человек с акалькулией не может выполнять арифметические действия.*

Алфавит: буквы языка в их обычном порядке. *В русском алфавите 33 буквы.*

Буква: письменный символ, представляющий звук речи. *«А» — это буква.*

Вербальная концептуализация: мышление с помощью звуков слов. *Когда вы слышите свои мысли в словесном выражении — это форма вербальной концептуализации.*

Внимание: осознание окружающей среды. *Внимание — это то, что использует человек, когда он наслаждается прекрасным закатом.*

Восприятие: информация, поступающая в мозг через каналы и органы чувств: зрение, слух, равновесие, движение и время. *С помощью нашего восприятие мы определяем, что реально.*

Гиперактивность: состояние, которое может сопровождать синдром дефицита внимания, при котором человек ведет себя совершенно неугомонным образом, совершает много движений и не может усидеть спокойно. *Гиперактивность противоположна вялости.*

Дезориентация: потеря кем-то своего положения или направления относительно других вещей; такое состояние рассудка, при котором умственные восприятия не совпадают с истинными фактами и состояниями в окружающей среде; у некоторых людей это автоматическая реакция на состояние замешательства. *При состоянии дезориентации восприятия искажены.*

Дезориентироваться: потерять положение или направление относительно истинных фактов и состояний в окружающей среде; до некоторой степени потерять связь с действительностью. *Люди, которые легко дезориентируются, иногда чувствуют головокружение.*

Дисграфия: форма дислексии, при которой основные трудности связаны с письмом. *У людей с дисграфией имеются проблемы с чистописанием.*

Дискалькулия: форма дислексии, при которой основные трудности связаны с математикой и цифрами. *Обычным симптомом дискалькулии являются трудности с запоминанием телефонных номеров.*

Дислексия: вид дезориентации, вызванный естественными мыслительными способностями, которые могут заменить нормальные сенсорные восприятия концептуализациями; трудности в чтении, письме, речи или определении направления, возникающие вследствие дезориентации, вызванной состоянием замешательства относительно символов. *Причиной возникновения дислексии является талант восприятия.*

Диспраксия: моторные трудности, которые могут повлиять на движения тела. *Диспраксия может проявиться как неуклюжесть, проблемы с почерком или трудности с речью.*

Естественная ориентация: обычное местоположение умственного глаза, которое возникает естественным образом с развитием человека. *Обычная естественная ориентация для гимнаста находится в нескольких футах прямо над головой на линии симметрии тела.*

Значение: понятие, которое кто-то привязал к объекту или символу. *Все слова имеют значения.*

Консультация: предоставление помощи людям для улучшения способностей или для избавления от неспособностей. *Мы получаем консультацию, когда нам нужна помощь в решении проблемы.*

Консультация Дейвиса для ориентации: методики, помогающие человеку создавать, находить и использовать стабильное местоположение умственного глаза; методы управления, контроля и выключения дезориентации. *«Консультация Дейвиса для ориентации» показывает человеку как самому корректировать дезориентацию.*

Концентрация: ограничение осознания человека только до чего-то одного. *Сильная концентрация вызывает гипнотическое состояние.*

Концептуализация: образ, идея, мысль или концепция, созданные в уме; мыслительное действие по созданию чего-либо. *Концептуализация происходит в уме.*

Концепция: идея или мысль; мысленный образ; представление того, чем является какая-то одна вещь или группа вещей. *Для передачи концепции используются слова.*

Мастерство: уверенность; точное знание того, что нечто означает, как оно выглядит или звучит; знание того, как делать что-либо хорошо; уверенное знание. *Мастерство в кулинарном искусстве делает его великолепным поваром.*

Невербальная концептуализация: мышление с помощью картинок или образов; любой вид мышления, не использующий слова. *Интуиция — это форма невербальной концептуализации.*

Нестабильная ориентация: состояние, при котором умственный глаз человека сильно перемещается. *Люди, у которых быстро возникает чувство тошноты при движении, склонны к наличию нестабильной ориентации.*

Определение: утверждение, объясняющее значение слова. *Скажи мне определение этого слова.*

Освоение: уверенность; точное знание того, что нечто означает, как оно выглядит или звучит; знание того, как делать что-либо хорошо; знание без сомнения. *Для освоения чего-либо требуется практика.*

Освоение ориентации по системе Дейвиса: общее название для диагностических, терапевтических и обучающих процедур, разработанных Роном Дейвисом. *Я обучал процедурам методики «Освоение ориентации по системе Дейвиса».*

Освоение символов по системе Дейвиса: процедура изучения того, что означает символ, как он выглядит и как звучит. *Мы создаем концепции из пластилина, когда применяем методику «Освоение символов по системе Дейвиса».*

Освоить: знать с уверенностью; упражняться или делать что-либо до полного его изучения. *Для освоения чего-либо требуется практика.*

Оптимальная ориентация: такое размещение умственного глаза, в результате которого все восприятия находятся в соответствии друг с другом и являются точными; в частности, ощущения равновесия, движения, времени, зрение и слух. *Оптимальная ориентация является результатом применения метода «Точная настройка».*

Ориентация: процесс, когда мы ставим себя в должное положение относительно истинных фактов и состояний; состояние рассудка, при котором умственные восприятия соответствуют истинным фактам и состояниям окружающей среды. *Ориентация заставляет меня чувствовать себя менее спутанным.*

Ориентироваться: ставить себя в должное положение и состояние рассудка, так чтобы умственные восприятия соответствовали истинным фактам и состояниям окружающей среды; поставить умственный глаз над головой и позади нее в стабильное местоположение. *Когда мы себя ориентируем, мы читаем лучше.*

Порог замешательства: момент, в которой состояние замешательства в окружающей обстановке становится для человека непреодолимым. *Когда дислектики достигают своего порога замешательства, они становятся дезориентированными.*

Проверка: процедура, применяемая после методики «Предоставление рекомендаций по контролю за ориентацией», которая применяется для того, чтобы проверить, находится ли точка ориентации в правильном месте. *Выполняйте с человеком процедуру «Проверка» не менее одного раза в день.*

Программа Дейвиса для коррекции дислексии: индивидуализированная рекомендательная программа, в рамках которой человек учится как корректировать дезориентацию, сохранять ориентацию и улучшать навыки чтения, письма, выполнения математических действий или сосредоточения внимания. *Для выполнения программы Дейвиса для коррекции дислексии требуется около 30 часов.*

Пускатель (слово): все, что вызывает дезориентацию; обычно слово или символ, для которого у человека нет завершенной или точной концепции. *Слово «этот» — это распространенное слово-пускатель.*

Равновесие: способность неподвижно стоять на одной ноге; ощущение, которое можно использовать для проверки ориентации. *Проверяя* свое равновесие, мы можем сказать, находимся ли мы в состоянии ориентации.

Разрядка: метод расслабления и снятия напряжения (описан в главе 26). *Когда чувствуешь напряжение, сделай процедуру «Разрядка».*

Решения (компульсивные): типы поведения, привычки и умственные приемы, принятые для устранения ошибок и состояния фрустрации как результата дезориентации; составляющие элементы неспособности к обучению. *Необходимость петь алфавитную песенку — это общепринятое решение при неспособности выучить алфавит.*

Символ: нечто, означающее или представляющее что-либо другое. *Флаг — символ нашей страны.*

Синдром дефицита внимания / гиперактивности (СДВГ): *СДВГ описан в «Справочнике Мерка по диагностике и лечению».*

Слово: звук речи или буквы, представляющие этот звук, которые имеют значение или определение в языке. *Сегодня я выучил новое слово.*

Замешательство: подавляющее ощущение нарушения сознания. *Замешательство вызывает у дислектиков дезориентацию.*

Стабильная ориентация: состояние, при котором умственный глаз человека стремится остаться в одном положении большую часть времени или все время. *Люди, которые не ощущают симптомов дислексии, склонны к наличию стабильной ориентации.*

«Старые решения»: *см. «Решения».*

Точка ориентации: стабильное местоположение над головой и позади нее (у разных людей это местоположение разное). *Поставь свой умственный глаз в точку ориентации.*

Точная настройка: метод Дейвиса для проверки и регулировки ориентации с помощью равновесия (описан в главе 27). *Методика «Точная настройка» обычно применяется на третий день после первого занятия в рамках программы «Предоставление рекомендаций по контролю за ориентацией».*

Глоссарий

Удерживание: явление попытки «удержать» умственный глаз на месте. *Удерживание вызывает головные боли.*

Умственный глаз: то, что видит наши мысленные образы. *Умственный глаз — это то, что смотрит на наше воображение.*

Язык: звуки речи, имеющие значение; письменные символы, представляющие звуки речи; речь и письменность определенной страны или группы людей. *Единственный язык, который я знаю, — это русский.*

Указатель

DSM-5, 71
аграфия, 66, 368
акалькулия, 55
алфавит, 48, 91
алфавитная песенка, 39
арифметика, 55, 58, 59
аутизм, 91, 97, 150, 362
беспорядок
  концепция, 58
вербальная
  концептуализация, 9, 10, 12, 108, 109, 369
вербальное мышление, 133
  скорость, 134
вестибулярные органы, 82
внимание, 73
внутреннее ухо, 82
внутренний монолог, 11, 13
восприятие, 15, 17
  изменение восприятия, 77
  искаженное восприятие, 57, 64, 72, 79, 81
  реальное восприятие, 57
  сообразное, 82, 87, 184
  точное, 82, 175
  умственное, 18
  эпицентр восприятия, 19
восприятия
  измененные, 23
время
  концепция, 58, 59
  ощущение времени, 55, 56, 57, 58
Выравнивание (процедура), 177, 179, 182, 183, 184, 189, 191, 257, 279, 280, 282, 285, 299, 308
Выравнивание (процедура)
  Точная настройка, 287
гарнитуры, 47
гиперактивность, 77, 167, 292, 369, 376
гипноз, 36
гипоактивность, 292
головная боль, 260
головокружение, 32, 166, 181, 370
грезить, 90
грезить, 137
да Винчи, Леонардо, 2, 140
дезориентация, vi, 15 — 24, 31 — 38, 44, 46, 50,

51, 56, 57, 60, 63, 67, 77 — 88, 91, 106, 139, 140, 142, 150, 161 —169, 173, 176, 177, 183, 185, 200, 204 — 206, 210, 219, 220, 226, 252, 279, 280, 305 — 308, 318, 330, 331, 334, 338, 345, 357, 370, 371, 376

дисграфия, 63

дискалькулия, 55

дислексия, 20, 6, 7, 26, 29, 35, 37, 41, 56, 57, 60, 71 — 76, 80, 84, 96, 143, 144, 148, 173, 176, 180, 322, 357, 361, 363, 366 — 368

  возраст от трех до пяти лет, 107

  генетический код, 96

  диагностирование, 158

  известные дислектики, 2

  как проблема обучения, 1

  как талант, 132

  неспособность к обучению, 7, 11

  основные свойства, 3

  признаки в младенчестве, 97

  творческие способности, 90, 146

  характеристики, 165

  эволюционная теория, 95

  эмоциональное расстройство, 118

дислектик, xii, 3, 5, 11, 24, 26, 30, 38, 40 — 45, 52, 54, 55 — 63, 75, 85, 86— 89, 92 — 98, 133, 142, 146, 149, 159, 175, 183, 190, 205, 266, 267, 280, 327, 334, 356, 365, 366

мыслительный процесс, 23

Дисней, Уолт, 5

диспраксия, 80, 81, 83, 84, 301, 371

допамин, 57

дошкольники, 72

дрейф, 250

замешательство, 9, 15, 23, 24, 30, 31, 32, 50, 72, 73, 76, 77, 104, 105, 112, 113, 142, 183, 246, 247, 256, 290, 334, 338, 357, 370, 374

порог, 24, 31

ЗПР, 97

зрительном центре мозга ый, 101

зрительный буфер, 101

интуиция, 135

компульсивные (старые) решения, 38, 39, 120, 126, 161, 162, 167, 261, 355 — 256
Консультация для ориентации, 209
концентрация, 15, 30, 31, 32, 35, 39, 40, 73, 119, 261, 327
Косслин, Др. Стивен, 101
курсы самоусовершенствования, 126
лечение ползанием, 143
линия симметрии, 176, 232, 234, 235, 239, 262, 264, 268, 269, 303, 304, 371
Луганис, Грег, 5
любопытство, 74, 144
мастерство, 133, 152
математика, 50, 55, 58, 59, 150, 154
математику, 58, 59, 80
Многомерная мысль, 137
музыка
   математика и музыка, 59
мысленные изображения, 89
мысленный образ, 13, 18, 30, 31, 33, 61, 92, 99, 112, 172, 174, 177, 196, 230, 236, 333, 336, 372

мячики "куш" (терапия), 301
Настройка шкалы (процедура), 292, 293, 299
невербальная концептуализация, 9, 12, 14, 15, 23
невербальное мышление, 13, 90
неспособность к обучению, 1, 6, 7, 11, 24, 38, 70, 93, 107, 119, 120, 122, 126, 159, 164, 165, 169, 305, 354, 376
анатомия, 159
неуклюжесть, 80
образное мышление, 133, 135
   скорость, 134
обусловливание, 147
ориентация, vi, 17, 64, 79, 82, 86 — 88, 176, 177, 179, 182 — 191, 204 — 209, 219, 221, 225, 239, 240, 249, 250, 253, 254 — 257, 261, 262, 265 — 272, 275 — 281, 293, 299, 308, 322, 371 — 377
Консультация для ориентации, 86
оптимальная, 82
Ортон, Сэмюэль Торри, 8

орфография, 3, 50
освоение, 154
освоение символов, 52, 53, 65, 88, 92, 93, 154, 156, 180, 182, 183, 185 —187, 304, 305, 308, 310, 321 — 325, 335 — 338, 354, 357, 373
осязание, 22
охват осознания, 135
охват сознания, 137
Оценка способности восприятия, 176, 184, 189, 191, 206, 208
письмо, 3
подсознательные стимулы, 136
порядок
   концепция, 58, 59
последовательность
   коицепция, 12, 58, 59, 280, 309, 311, 326
почерк, 81
   бездействующие нервные пути, 61
   диагональные линии, 64
   многочисленные мысленные образы, 60
   проблемы с почерком, 60
почерка, 50

Проверка Ориентации (процедура), 186, 255, 261
Программа коррекции дислексии по системе Дейвиса, 66
Промети глазами — промети глазами — прочитай по буквам (процедура), 330, 333
Пунктуация в образах (процедура), 332, 333
равновесие, 22
   ощущения равновесия и движения, 56, 78, 79, 82, 83
Разрядка (процедура), 185, 255, 257, 258, 280, 283, 299, 375
савантизм, 151
СДВГ, 70, 361, 376
   медикаменты, 77
   стимулянты, 79
символы, 11, 12, 43, 44, 48, 49, 50, 53, 182, 186, 305, 308, 321, 377
синдром дефицита внимания, 292
синдром дефицита внимания и гиперактивности, 50
слова-пускатели, 14, 26, 27, 29, 85, 88, 89, 305, 318, 323, 338, 345, 356

Слова-пускатели, 345
Справочник Мерка, 71, 376
старые решения, 120
счет, 58, 59
Сэмюель Торри Ортон, 8
Точная настройка (процедура), 84, 186, 265 — 270, 277, 280, 301, 302, 374, 377
транс, 36
триангуляция, 18
умственные трюки, 119
умственный глаз, 19, 171, 252, 266, 268

дрейф, 251, 267
местоположение, 173
удерживание, 251, 256, 257
фонетика, 48
фрустрация, 37, 118, 119, 161, 183, 312, 376
Чтение по буквам (процедура), 52, 325, 326, 327, 328
шрифты, 47
Эйнштейн, Альберт, 5, 134, 137

www.ingramcontent.com/pod-product-compliance
Lightning Source LLC
Chambersburg PA
CBHW021138080526
44588CB00008B/108